仕事
だいじょうぶ
の本

〈 職場の人と安心して
コミュニケーションできる
SSTレッスンBOOK 〉

北岡 祐子

PENCO川

仕事だいじょうぶの本

職場の人と安心してコミュニケーションできる
SST レッスン BOOK

このテキストで練習して再就職した先輩の声

> 何度も練習し自信を取り戻し、スムーズに職場に馴染んでいけました。就労経験のない人や若い人にも有意義なトレーニングだと思います。

このテキストではビジネスシーンでのコミュニケーションを実例に沿って練習します。

就労経験のある人にとっては、身に付いた敬語や他のビジネススキルを忘れない、また、思い出す上でも効果的ですし、そういったスキルが失われていないことが自覚できて、自信を取り戻すきっかけになります。

就労経験のない人や若い人で『会社特有の言い回し』などに慣れていない人たちにとっては、このような練習を事前に繰り返すことで、職場に入った際にも、先輩や上司との接し方に戸惑うことなく、スムーズに職場に馴染んでいける点で、有意義なトレーニングだと思います。

> 会話が苦手で緊張して話せなかった私が、今は職場で休み時間にいろんな話ができることがすごく楽しい。

私は人と話をしたりするのは苦手で、休み時間の世間話とかをするときには緊張して話すことが思い浮かびませんでした。このテキストには対人関係の取り方や、コミュニケーションの練習、休憩時間の過ごし方、雑談をするときの話題、話をするときや聞くときの姿勢の練習などがあり、それを参考にして日々の中で取り入れていきました。

今は慣れてきて他の人たちと休み時間にいろんな話ができることがすごく楽しいです。

【この本の使い方】
できることをできる範囲で

できることから、できる範囲で、無理しないで取り組みましょう

この本で練習すれば、働くうえで必要なコミュニケーションスキルや対処法を身に付けることができます。そして、あなたの働く力と意欲が引き出されます。

1. 1人で練習する場合

①目次を見て、関心のあるところや、会話の仕方が分からなかったことなどについて読んでください。

②各項目の練習「場面の例」を声に出して読んでみましょう。

③覚える必要はありません。何度も声に出して読んでいるうちに、自然とコツが身に付いていきます。自分の仕事体験の例を会話に当てはめながら練習すると更に効果的です。

2. 相手役と一緒に練習する場合

①知り合い（友人、家族、先生、支援者など）に相手役になってもらい、各項目の練習「場面の例」を、声に出して読んでみましょう。

②あなたの「困った実例」の解決法を相手役の人と一緒に考えて、あなたの実例に沿った練習をすると更に効果的です。

【このときの相手役の注意事項】

●相手役の人はできたところや良いところをほめましょう。本人の自信につながります。

●できないところを「指摘しない」「怒らない」「叱らない」「イライラしない」で進めましょう。

参加者の感想 --

会話の練習では、相手役の人たちから言ってもらった私の良いところが、自分では考えもしなかった点であったりすることもよくあります。そういった発見は、自分の自信につながりますし、そうなると他のことでも積極的にできるようになっていきました。

Index　ー目次ー

第1章 「働くことが難しい」 その原因は？解決法は？　　13

第2章 職場で今すぐ役立つコミュニケーション練習（基本編） 21

第3章　職場で良い人間関係を作る伝え方の練習　　63

第4章　就職に向けて　　77

第5章　就職活動　　87

第6章　職場で役立つコミュニケーション練習（応用編）　　97

【あなたの「働く」をみんなで応援】

本書で紹介しているSSTの例は、これまでに就労移行支援事業所や障害者職業センター、ハローワークなどで行ったSSTの実例に基づいています。練習手順や参加者の意見をホワイトボードに書き出し、内容を写真撮影し、その都度、自宅でも練習できるようにとテキストにまとめて参加者に配布してきました。みんなが悩み、対処方法を模索し、練習してきた長年の蓄積が本になったものです。

この本を通じて、みんなであなたの「働く」を応援します。

働きたいのに会話が苦手でつまずいてしまう そんなあなたの不安を解決します

職場の人と安心してコミュニケーションできる
SST レッスン BOOK

　働きたいのに会話が苦手で就職やバイトに自信が無い。就職してもどう話したら良いのか分からなくて逃げ出したくなる、コミュニケーションにつまずいてしまい仕事がつらい、長続きできない。そんな思いを抱えていませんか。

　楽しく前向きに働き「仕事だいじょうぶ」になり、充実した人生を送ってもらいたい。少しでもそのお役に立ちたい。そんな思いでこの本を書きました。本書では、SST の技法を使ってコミュニケーションや対人関係のコツを学ぶ方法を紹介しています。SST（Social Skills Training）とは、社会生活に困難をきたす人に向け、その特性に配慮しながら、コミュニケーションや対処技能を効果的に学習するための方法として開発されました。今や、教育や就労関係、司法分野などにも幅広く活用されている援助技法です。

　私は約 30 年にわたり、精神および発達障がいのある人たちの「働く」ことを支援してきました。1990 年に米国で地域精神保健福祉を学ぶ機会があり、そこで SST を実際に受講し、これはすべての人に役立つと実感したのです。その後、日本で始まった東京大学医学部附属病院精神科デイホスピタルでの SST 研修に参加し、早速、生活・就労支援プログラムに取り入れ、今日に至るまで事業所や利用者さん、ハローワークや企業の方から意見を聴きながら試行錯誤を重ね、現場に即した SST を構築してきました。

　現在、私が勤める就労移行支援事業所では就労に向けさまざまな職業リハビリテーションプログラムを取り入れていますが、当事業所において利用者さんにアンケート調査をすると、働くことに最も役立ったプログラムについて、常に断トツ 1 位なのが SST なのです。

　出版に当たっては、実際に SST で使っているテキストに加え、訓練に参加した人たちが直面した実例や、その解決法を取り上げてポイント解説もしています。

　レッスンに参加しているようなデザインになっていますので、本人はもちろん、支援施設や職場、学校でも、すぐに活用していただけます。P3 の「この本の使い方」を参考に本書の内容に沿って、ぜひ声に出して練習してみてください。

職場でのコミュニケーションや対処法は
「人生の中で何となく身に付くもの」ではないのです

> 私は休憩中の雑談の対処法について練習をしました。
> 　生きてきた中で何となく自然と身に付いていくと思い込んでいたような
> なことを、SST ではあえて取り上げて練習します。
> 　このコミュニケーションは、何となく身に付くことではありませんでした。
> した。
> 　練習し実践することでとても役立つスキルになりました。

　これは、実際に SST を受け再就職した先輩の言葉です。

　職場には感じ方や好み、性格や価値観が自分とは全く異なる人たち、年齢や立場の違う人たち（上司、同僚、後輩、派遣など）がたくさんいます。自分と気が合う人もいれば、話し掛けづらく感じる苦手なタイプの人もいるでしょう。

　職場の人間関係には誰もが悩みます。この問題を解決するためには、本人が仕事や生活の出来事への対処法を知り実行する力が必要なのです。

　といっても、そのためのコミュニケーションを体系立てて教えてもらったことのある人はほとんどいません。コミュニケーションなんて何とかなるだろう、と思っていたら意外と難しく感じたという声もよく聞きます。「仕事に対して自信がない」「これでいいのか不安だ」「怒られたらどうしよう」という気持ちを抱いていると、必要な報告や連絡ができず、仕事が滞ってしまう場合があります。

　また、人によっては周囲の情報を敏感に受け止めすぎて、緊張が高まりスムーズに行動できなくなることがあります。どうしたらいいか分からなくなり思い悩んで仕事を辞めてしまう、という人もいるでしょう。

　職場で難しい状況になっても、いくつかの対処法を知っていれば何とか乗り越えることができるのです。

> 本書で紹介しているのは「実際に困ったこと」と「解決できた対処法」の実例です。読むだけでコミュニケーションが身に付き「仕事だいじょうぶ」になっていきます。では一緒に練習していきましょう。（著者・北岡祐子）

まず、体調・生活管理を心掛けましょう

働くために何が一番必要なのでしょうか。

必要だと思うこと、今、何を意識しながらどのように活動しているのかなどについて、SST に参加した人たちに聞いてみました。

参考にしてみてください。

働くために必要だと感じていることの第1位は体調・生活管理

働くためには安定的な体調、体力が必要であると考えている人が最も多く、自分の体調を把握し、管理する方法について工夫しているようです。就職するために準備していることとして、体力作り、体調管理、生活リズムの調整、規則正しい生活、ストレス管理などが挙がっています。

2位以降は、一般常識、ビジネスマナーなどの基本的な労働習慣、3位コミュニケーションスキル、4位パソコン技能などの職業能力と続いています。

［就労移行支援事業　（創）シー・エー・シー就職活動アンケートより］

参加者の感想

【体調管理】
毎日のウォーキング、ラジオ体操などをして、体力が回復しました。SST でコミュニケーションの練習もして、対人関係で悩むことが少なくなりました。
心も体も元気になりました。

会社の人から

【あいさつと体調管理】
私どもが大切にしていることは、あいさつと体調管理です。あいさつは就労を目指す上で基本中の基本です。体調管理とは自分のペースに合わせて無理のない就労をということです。

「働くことが難しい」
その原因は? 解決法は?

私たちは「働く」ことによって何を得ているのでしょうか。もちろん生活するための収入を得るためでもありますが、それだけではありません。

「働く」、あるいは何らかの形で社会参加することは、人の存在意義にかかわる大切なことといえるでしょう。では、なぜ「働きたいのに働くことが難しい」と感じてしまうのでしょうか。

第1章では、その原因と解決法を例を挙げながら説明していきます。

第1節 私たちにとって「働く」とは

はじめに、「働く」ことに含まれるさまざまな意味を考えていきましょう。
「お金を得るための手段」だけではないのです。

1 「働く」ことに含まれるさまざまな意味

POINT
- ●やりがいや達成感など自己肯定感が持てる
- ●体調管理をし、脳の認知機能が高まる
- ●心や体にとって最大のリハビリテーション

　働くことの大きな目的は収入を得ることですが、その他にも多くの大切な意味があります。私たちは「働く」ことで多くの人と協力して仕事を作り上げ、社会の役割を担い、交流の中で社会人として成長することができます。仕事のやりがいや達成感、自己肯定感なども持てます。働き続けるためには体調管理を心掛けますし、決まった時間に起床、就寝することで生活のリズムが身に付きます。基礎体力も維持できますし、考えて判断し行動することは脳の認知機能を高めます。このように、「働く」とは人間の社会的、心理的、生物的要素に深く関係しているのです。病気やけがで何らかの障がいをもった人にとって、「働くことは最大のリハビリテーション」とも言われています。

2 多様な人たちと働くことによる利点　会社の皆さんへ

POINT
- ●多様な人たちと一緒に働くことによって、職場の雰囲気が良くなった
- ●指示内容が明解になり仕事全体のミスや行き違いが少なくなった

　「不要なストレスをかけないよう、厳しい口調で注意するのではなく普通の口調で教えるように皆が心掛けたら、職場内に飛び交っていた厳しい叱責の言葉が無くなり雰囲気が良くなった」「『早くしてください』ではなく『11時までに作ってください』と具体的な数値で伝えるよう意識したら、社員同士の業務がより円滑になった」
　これらは実際にSSTを職場で実践した会社の皆さんからの感想です。多様な人が一緒に働くことは職場にとっても利点が大きいのです。皆さんの会社においても、持続可能な社会へ向けて、まずはコミュニケーションから取り組んでみてください。

第2節 「働く」ことが難しく感じられるとき

なぜ「働く」ことが難しく感じられるのでしょうか。難しく感じられたのはどのようなときでしょうか。
SSTに参加した人たちの声から具体的に考えていきましょう。

■「働くことが難しい」と感じるのはコミュニケーションに一因

POINT
- 働くことが難しいと思ってもコミュニケーションスキルでカバーできる
- コミュニケーションは難しい。でも学ぶ機会が無かっただけ

あなたにとって働くことが難しく感じられるのはどのようなときでしょうか。
　仕事が自分に合わない、自分にとって難易度が高すぎる、人間関係が難しい、そう思ってあきらめていませんか。
　しかしこれらは「コミュニケーションスキル」でカバーできることも多いのです。

　「働くことが難しい」と感じても、仕事について上司に相談する、分からないことを質問する、より良いやり方を教えてもらう、悩んでいることを聞いてもらう、という「コミュニケーションスキル」をうまく使うことができれば対処できるようになります。
　今は、使うことができないので、色々なことに困難を感じ、つらい思いを抱えることになってしまっているのです。

　人とのコミュニケーションは簡単ではありません。世代や出身地が異なれば、価値観も異なります。しかし社会では相手の心情を推し量るなど、複雑な要素が求められます。
　その状況に合った表現や言葉遣い、葛藤が生じる場面での対処方法、理解し合うための意見交換、自分の希望を実現するための交渉など、難しい判断が求められる場面もあります。
　しかしほとんどの人は、コミュニケーションを体系立てて学習し、練習する機会がなかったので、どうしていいのか分からないのは当然なのです。

参加者の感想 -------------------------------

> SSTでは社会、職場での振る舞いやさまざまな場面での対応を学ぶことができます。学校では決して教えてもらえないことが大半で、有益な時間だと思います。

❷こんな指示を出されたときに働くのが難しいと感じた

　どんなとき、働くことが難しく感じられるのでしょうか。仕事で困ってしまった指示について、就労のためのトレーニングを受けている先輩の皆さんに聞いてみました。
　具体例から解決法を考えていきましょう。

> どんな指示を出されたときに困って、
> 働くのが難しいと感じましたか。

> ❶ 1度に多くの指示を出されたとき
>
> ❷「あれが」「早めにして」「適当にやっといて」など
> あいまいな指示を出されたとき
>
> ❸指示を出す人が複数いるとき。誰の指示を優先して
> いいのか分からないとき
>
> ❹指示を出されたが、メモを取る時間がないとき。マニュ
> アルがないとき
>
> ❺見下した言葉遣いや、乱暴な態度で指示されたとき
>
> ❻指示だけで、仕事全体の流れが分からず自分の位置
> が分からないとき
>
> ❼「自分でやり方を考えなさい」と言われたとき
>
> ❽指示を出した人がいなくなったとき
>
> ❾「絶対失敗するなよ」と指示されたとき
>
> 　　　　　　　　　　　　　　　　などです。

> なぜ、これらの指示を受けたときに働きづらさを感
> じてしまったのでしょうか。どのような指示ならば良
> かったのでしょうか。具体的に考えていきましょう。

❸これらの指示はなぜ困るの？ どのような指示がいいの？

　これらの指示を受けたときに働きづらさを感じて困ってしまう理由と、どのような指示が望ましいのかを考えていきます。

❶１度に多くの指示を出されたとき

なぜ、困るの？

> あれもこれもと言われると情報の整理がしにくくなり、最後の１つは分かったが最初の分は忘れてしまった、ということになってしまいます。

どんな指示がいいの？

> 指示を1つずつ伝えてもらいたい。あるいは紙に指示内容の順番を記入したものを渡してほしい。
> 紙に書いてもらえると後で何度も確認できます。

❷「あれが」「早めにして」「適当にやっといて」などあいまいな指示を出されたとき

なぜ、困るの？

> 抽象的な言葉は、何を意味しているのか理解しにくいことが多く、誤解のもとです。

どんな指示がいいの？

> 例えば「商品の見本が」「午前11時までに」「最後、テーブルを拭き、窓を閉めておいてください」というように具体的に伝えてもらえると、互いに意味を取り違えることもなく安心です。

❸指示を出す人が複数いるとき。誰の指示を優先していいのか分からないとき

なぜ、困るの？

> 優先順序が分からなくなったり、相手に気遣いしすぎたりしてどうしたらいいのか不安になります。

どんな指示がいいの？

> 指示された内容について、立場の上の人に確認できると全体の流れが見え、誰がどのような目的で指示したのかを理解できます。

❹指示を出されたが、メモを取る時間がないとき。マニュアルがないとき

なぜ、困るの？

言葉だけで伝えられると、意味を取り違えたり、聞き間違えたりする場合もあるので不安になります。安心して仕事に取り組めません。

どんな指示がいいの？

メモを取る時間があると後から見返して確認できます。マニュアルがあれば確認しながらできるので、なお安心して仕事に取り組めます。

❺見下した言葉遣いや、乱暴な態度で指示されたとき

なぜ、困るの？

ストレスがかかり、心理的ダメージが大きく、落ち着いて仕事をしづらくなります。

どんな指示がいいの？

普通の口調で伝えてもらえると、落ち着いて聞くことができて対処できます。

❻指示だけで、仕事全体の流れが分からず自分の位置が分からないとき

なぜ、困るの？

全体の流れを把握しないと、自分が何をしているのか分からず意欲が下がってしまいます。

どんな指示がいいの？

今の仕事が職場としてどのように役に立っているのか、最終的に何に使われるのかが理解できると、納得して前向きに仕事ができます。

❼ 「自分でやり方を考えなさい」と言われたとき

なぜ、困るの？　｜　どうしたらいいのか分からず不安が高まります。

どんな指示がいいの？

何をどうすればいいのか、「具体的な指示」を受けると安心して取り組めます。

❽指示を出した人がいなくなったとき

なぜ、困るの？　｜　仕事の途中で質問や確認ができないと不安になります。

どんな指示がいいの？

指示を出した人がその場から離れるときには、質問できる別の人や、分からないときの対処について、あらかじめ伝えてもらえると安心して取り組めます。

❾ 「絶対に失敗するなよ」と指示されたとき

なぜ、困るの？　｜　プレッシャーを受け、失敗の不安が強くなり仕事に影響します。

どんな指示がいいの？

「大事な業務なので注意して行ってください。分からなかったり失敗しそうだったらすぐ声を掛けてください」と言ってもらえると、慎重に落ち着いて取り組めます。

コツを練習して「仕事だいじょうぶ」に

　働くために必要なコミュニケーションには、いろいろな『コツ』があります。この本でそのためのいろいろなスキルを学び、練習して身に付けていきましょう。

　例えば、P16の困った例で上がっていた❶「1度に多くの指示を出されたとき」という場合、そのままにしておいて後から分からなくなってしまったということはよくあります。

　この場合、「ちょっと待ってください。メモを取ります」「それぞれを何時ごろまでに終わらせればいいですか」など、自分で指示された情報を整理できるようなスキルを身に付けておけば対処できるようになるのです。

できないのではなく、練習する機会が無かっただけ

　「なんだそんな簡単なことなんだ」と思うかも知れません。しかし多くの人がコミュニケーションが苦手だと感じています。

　その理由は、人間関係を学ぶ機会が無かった、教えてくれる人がいなかった、不適切なコミュニケーションの中で育ちどうしていいか分からない、社会経験が少ないためどうしたらいいか判断できない、あるいは以前はできていたのに自信が持てず、できないと思いこんでしまっているなど、さまざまな事情があるでしょう。そして、コミュニケーションが苦手だと感じているために、生活のしづらさや働きづらさをもっています。

　しかし、「できない」のではありません。これまで練習する機会が無かっただけです。

「できる」という自信がコミュニケーションスキルの向上に役立つ

　この本はコミュニケーションに悩み、困った実例をたくさん紹介しています。

　あなたにもきっと「自分にもある！」と思う場面が見つかります。

　練習する機会さえあればできることも増え、「できる」という自信がさらにコミュニケーションスキルの向上に役立ちます。

　練習し体験を積み重ねることにより、生活のしづらさや働きづらさが軽減し、自信をもって行動することができるようになっていきます。

　とにかく「やってみること」です。

　繰り返し、体験することです。実際に声に出し、体を動かしてみることで、必要なスキルが身に付いていきます。一緒に練習していきましょう。

第2章

職場で今すぐ役立つ
コミュニケーション練習(基本編)

この章では以下の12のコミュニケーションについて練習していきましょう。

❶あいさつ

※「あいさつ＋ひと言」

※「クッション言葉」

❷指示を受ける

❸報告する

❹緊急連絡をする (遅刻・早退・欠勤など)

❺相談する

❻質問する

❼電話応対

❽休暇を取る

❾お願いする

❿断る

⓫仕事で注意や批判されたとき

⓬仕事で失敗や間違いをしてしまったとき

第1節 あいさつ

あいさつは働く上で大切なコミュニケーションです。どの職場でもあいさつを大事にしていますし、大きな声でのあいさつは人間関係を円滑にします。
「あ」かるく、「い」つも、「さ」きに、「つ」づけて、という言葉があります。
働く上で得をする「あいさつ」を場面ごとに練習していきましょう。

❶職場で使うあいさつ

声に出してあいさつしましょう。
自分から進んで声を掛けてみましょう。

良いあいさつのポイント

● 相手の顔を見る
● 明るい声で
● 笑顔で
● 会釈をつける

知らずに損してしまうあいさつ

● 声を出さずに頭だけ、
　ペコっと下げる
● 相手の顔を見ずに、
　声だけ出してあいさつ
● 相手をチラ見しつつ、
　スマホを見ながらあいさつ

職場で使うあいさつの例

▶ 朝出勤したとき‥‥‥‥‥‥‥‥‥‥‥‥‥‥‥「おはようございます」
▶ 自己紹介のあいさつ、お願いするときのあいさつ‥「よろしくお願いいたします」
▶ 自分が職場の外に出掛けるとき‥‥‥‥‥‥‥‥「○○に行ってまいります」
▶ 他の人が職場の外に出掛けるとき‥‥‥‥‥‥‥「行ってらっしゃい」
▶ 外から帰ってきたとき‥‥‥‥‥‥‥‥‥‥‥‥「ただいま戻りました」
▶ 他の人が外から帰ってきたとき‥‥‥‥‥‥‥‥「お帰りなさい」
▶ お客様や外部の方へ‥‥‥‥‥‥‥‥‥‥‥‥‥「いらっしゃいませ」
　　　　　　　　　　　　　　　　　　　　　　　「お世話になっております」
▶ 退社するとき（先に帰るとき）‥‥‥‥‥‥‥‥「お先に失礼します」
▶ 他の人が先に退社するとき‥‥‥‥‥‥‥‥‥‥「お疲れさまでした」

❷あいさつの練習

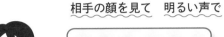

場面の例①　朝出勤したとき、職場の人にあいさつ

❶朝出勤したとき、会社の正面玄関近くで、職場の人と一緒になりました。

相手の顔を見て　明るい声で

おはようございます。

おはようございます。

❷朝出勤したとき、上司がこちらに背を向け、上着をハンガーに掛けていました。

背を向けている上司の方に近づき、傍らから声を掛けます。

明るい声で

おはようございます。

おはようございます。

ポイント　後ろ姿に声を掛けても気付かないときがあります。上司のそばまで近づき、傍らから声を掛けるとすぐ気付いてくれます。

場面の例②　簡単な自己紹介のあいさつ

❶あなたは今日から別の部署の仕事を手伝うことになりました。
　初日なので皆にあいさつします。

皆の顔を見て（見回し）　大きな声で

〇〇と申します。どうぞよろしくお願いいたします。

お辞儀をします。

❶あなたは仕上げた製品を取引先に納品します。

相手の顔を見て

ご注文の製品です。　よろしくお願いいたします。

【相手からの印象が良くなる「よろしくお願いいたします」】

「よろしくお願いいたします」は簡単な自己紹介のとき、仕事でお願いするとき、相手先に訪問したときなどに使うと丁寧で、相手からの印象も良くなります。

❶あなたは書類を郵送することになり、郵便局に出掛けます。

近くにいる社員に声を掛けます。

郵便局に行ってまいります。

行ってらっしゃい。

（郵便局から戻りました）

ただいま戻りました。

【ひと言、声を掛けて】

黙って出入りするより、ひと言声を掛けると、相手も「今、出掛けた」「帰ってきた」と分かります。
また、出掛ける行き先も伝えると周囲も安心します。

場面の例⑤	退勤するときのあいさつ

❶あなたは退勤時間になったので、他の社員にあいさつして帰ります。

●他の社員より先に帰る場合

近くにいる人たちの顔を見ながら

ではお先に失礼いたします。

お疲れさまでした。

●他の社員も仕事が終わった場合

お疲れさまでした。

お疲れさまでした。

知らずに損しています

下記のような言葉掛けや身ぶりは、相手にあまり良い印象を与えません。
知らずに使っている場合もあるので気を付けましょう。

●黙って出て行く
●スマホを見ながら出て行く（周囲を無視しているような印象を与えます）
●無言で頭だけペコっと下げる

【ひと言あいさつをして良い印象に】

「退勤時間だから当然」と黙って出て行くより、ひと言あいさつすると良い印象になります。

他の社員より先に帰る場合は「お先に失礼します」、他の社員も仕事が終わり、皆で帰るときには「お疲れさまでした」です。

参加者の感想

職場でのあいさつや声の掛け方の練習を通じて、ちょっとしたことで対人関係が円滑にいくことが分かりました。これは仕事でも日常生活でも大変有効だなと強く感じました。

使ってみましょう「あいさつ+ひと言」

「おはようございます＋今日は良いお天気ですね」

「あいさつ+ひと言」があると、親しみやすさや気遣いが
感じられ、良い人間関係が築きやすくなります。

場面や話題など	あいさつ+ひと言の例
お天気ネタから	▶ ＋「だんだん暑くなってきましたね」
テレビの話題から	▶ ＋「昨日のプロ野球観ましたか？ 　　○○が勝ちましたね」
相手の身だしなみから	▶ ＋「きれいな柄のブラウスですね」 ＋「髪カットされたんですね。似合ってますね」
風邪で休んでいた人が 出勤してきたとき	▶ ＋「もうお体は大丈夫ですか？」
旅行に行っていた人が 出勤してきたとき	▶ ＋「旅行はいかがでしたか？」
身内の不幸で休んでいた 人が出勤してきたとき	▶ ＋「この度はご愁傷様でした」 ＋「大変でしたね」
あなたの「＋ひと言」を書き込んでみましょう	
▶	
▶	
▶	
▶	
▶	

ちょっとしたことでうまくいく「クッション言葉」

「すみませんが、教えていただけますか」

> ここで紹介するちょっとした言葉を使うと、対人関係や仕事を円滑に進めることができます。

相手からの印象もよくなる言葉

　ここで紹介する言葉は、その場ですっと言えると、相手からの印象も良く、「丁寧な人だな」と思ってもらえます。

▶ 「ありがとうございます」‥相手から何かしてもらったときに
▶ 「申し訳ありません」‥‥‥‥自分がうっかりミスをしてしまったとき
▶ 「恐れ入ります」‥‥‥‥‥‥相手に手間を掛けたとき、お願いするとき

報告・連絡・相談や、お願いするときの「クッション言葉」

　いきなり用件を言うのではなく、「クッション言葉」を先に伝えると相手も聞く準備ができます。用件の前に相手を気遣う言葉掛けとして使います。「すみません」「お忙しいところ恐れ入ります」「今よろしいですか」「少しお時間よろしいですか」などです。

▶ 「すみませんが、○○について教えていただきたいのですが」
▶ 「お忙しいところ恐れ入ります。ご相談したいことがあるのですが」
▶ 「今よろしいですか。○○の報告をしたいのですが」
▶ 「少しお時間よろしいですか。○○について連絡事項を確認したいのですが」

第2節 指示を受ける

指示を受けたとき、どのように返事をしたらいいでしょうか。
「はい、はい」と返事をすればいいと思っていませんか？ 返事だけでは、指示をする側からすれば「本当に分かったのかなぁ」と思いますし、ただ黙ってうなずくだけでは「返事もしないで態度悪いな」と思われます。
自分でも後から「何だったっけ？」「2つは覚えているがあとの1つを忘れてしまった」となることもあります。指示の受け方にもコツがあります。

■1 指示の受け方の手順

　正確に指示を受け理解することができると仕事もスムーズに進みますし、指示した人も安心して任せることができるので、職場の人たちと信頼関係を築くことができます。

信頼を失ってしまう指示の受け方

下記のような指示の受け方をすると相手からの信頼を失ってしまいます。

- ●無言でうなずくだけ⇒「はい」と返事をして指示内容を復唱しましょう
- ●適当に「はい、はい」と返事をするだけ⇒指示内容を復唱しましょう
- ●相手の話を途中で遮り『要するに○○ってことですよね。分かりました』と口をはさむ⇒相手の話は最後まで聞き、指示内容を復唱しましょう

指示の受け方の手順

（A）相手に体を向け、視線を合わせる
（B）相手に指示された内容を復唱する
（C）分からなかったときはもう1度聞き直して指示を受ける
（D）内容が多いときにはメモを取る（最初からメモしておくと安心）
（E）指示内容があいまいなときには質問する

ポイント

【メモを取る】
口頭であれこれ言われてもその場でぱっと覚えられないことはよくあります。メモを取ることは記憶を補足することになります。

②指示の受け方の練習

| 場面の例① | 指示内容を復唱する |

特に指示内容の数字や種類を復唱して確認します。

❶上司があなたに、会議に使う配付資料の印刷を指示しました。

上司があなたのところに来て言いました。

ちょっといいですか。この8種類の資料を午後の会議に使うので、12時までに50部ずつ印刷しておいてもらえますか。

（A）上司の方を向いて、視線を合わせます。
（B）相手に指示された内容を復唱します。

はい、この8種類の資料を12時までに各50部ずつ印刷ですね。分かりました。準備しておきます。

（C）分からなかったときはもう1度聞き直して指示を受けます。

ポイント

【指示内容を復唱しましょう】

「分かりました」「できました」だけではなく、具体的な数字も復唱して伝えると、互いに「正確に伝わった」「正確にできた」と確認できます。指示された内容の復唱は、記憶の強化にもなります。

また、内容をすぐメモしておくと、忘れてもメモで確認できます。

【メモを取るときのコツ】
・メモ帳はポケットに入る小さめのサイズ。
・すぐ取り出して使えるようにいつも携帯しておく。

・要点を書きとめる
（あとで自分で読んで分かるように）
　①今日の日付
　②テーマ
　③順序、要点　など

❶上司があなたに「お昼までに会議室のセッティングをお願いします。飲み物も適当に用意してもらえますか」と言いました。

　このようなあいまいな指示は困りますね。でもよくあるのです。指示する人の頭の中にはイメージがありますが、あなたには分かりません。こういうときは、指示の内容を具体的に確認できるようにがんばって質問しましょう。

　（A）上司の方を向いて、視線を合わせます。

　（D）内容が多いときにはメモを取ります。（メモを出すと、相手もゆっくり話してくれます）

> メモを取らせてください。

　（E）指示があいまいなので質問します。

> 会議室の机の並べ方はどのようにしたらいいですか？
> 参加人数を教えてください。用意する資料はありますか？
> 飲み物はペットボトルのお茶ですか？ 紙コップはいりますか？

　（D）あなたはメモを取りながら上司の説明を聞きます。（上司はゆっくりと説明）

> 机はホワイトボード側を前に「ロの字」型で並べてください。参加人数は8人なので、各机にいすを2脚ずつ置いてください。こちらで用意する資料はありません。飲み物は給湯室の冷蔵庫に入っているペットボトルのお茶で。紙コップは不要です。よろしくお願いいたします。

　（B）指示された内容を復唱します。

> 机はロの字でいす2脚ずつ、参加者8名、ペットボトルのお茶を用意ですね。分かりました。

ポイント

【分からないときはすぐ質問し、復唱とメモで安心です】
あいまいな指示や複雑な指示に対応するための効果的な対処法が分かれば、自信をもって仕事ができるようになります。

報告する

「できました」とだけ伝えても、相手は何ができたのか分かりません。また、遠くから「できました」と大きな声で言うと「横着者だ」と受け取られ、「置いておけば分かるだろう」と心の中でつぶやきそのままにしておくと、「まだできてないのか」とあなたが誤解されてしまうことになります。

報告するときには、上司の近くまで行き、何がどのくらいできたのかを具体的に伝えると、相手もよく理解できます。

そして担当業務の内容を正確に報告することで、上司は業務の進行具合や段取りを考えることができます。

こうして職場での互いの信頼関係を築くことができます。

❶報告の仕方の手順

報告の仕方のコツを身に付けて、自信をもって仕事に取り組みましょう。

損してしまう伝え方

以下のような報告をしていませんか。

せっかく、仕事が完了したのに、相手の信頼を失うことになってしまいます。

● 「できました」だけしか伝えない。⇒相手には何ができたのか伝わらない

● 「これ、置いておくので」としか言わない。⇒相手には何を置いたのか伝わらない

報告の仕方の手順

(A) 相手に体を向け、視線を合わせる

(B) 「今よろしいですか」と相手の都合を聞く

(C) 要点を簡潔に伝える（事前にメモに書いておくとよい）

(D) 数値などを正確に伝える、復唱して確認する

(E) 次に何をするのかを聞く

報告ができるようになると、互いの信頼関係がアップします！

②報告の仕方の練習

場面の例①	具体的に報告する

業務が終わったことだけではなく
具体的な数値も報告します。

❶あなたは納品する試供品セットの数を確認し、上司に報告しました。

(A) あなたは仕事中の上司の近くまで行き、今報告を聞いてもらえるか、
    声を掛けました。

(B)「今よろしいですか」と相手の都合を聞きます。

すみません、○○主任、報告したいのですが。
今ちょっとだけよろしいですか。

いいですよ。

(C) 要点を簡潔に伝えます。（事前にメモに書いておくとよい）

(D) 数値などを正確に伝えます。

○○社に納品する試供品 60 セットをそろえました。

では配送に回すからそのまま置いておいてください。

分かりました。

ポイント

【報告のときは、5W2H にあてはめながら報告すると便利】
Who（誰が）、When（いつ）、Where（どこで）、What（何を）、
Why（なぜ）、How（どのように）、How much（どれくらい）

Who（誰が）		Why（なぜ）	
When（いつ）		How（どのように）	
Where（どこで）		How much （いくら）（どのくらい）	
What（何を）			

場面の例② 　**進行状況を報告する**

自分がやり終えたことを伝え、次にどうするかを聞きます。

❶Aさんは指示された仕事を終えました。上司に報告し、次はどうしたらいいかを聞きます。

（A）あなたは上司の近くまで行き、今報告していいか声を掛けました。
（B）「今よろしいですか」と相手の都合を聞きます。

すみません、〇〇主任、今よろしいですか。

はい、どうぞ。

（C）要点を簡潔に伝えます。
（E）次に何をするのかを聞きます。

顧客名簿のデータ入力、関西地域は入力できました。
次はどうしたらよろしいでしょうか。

九州は他の人がしているので、沖縄県をお願いしていいですか。

（D）復唱して確認します。

分かりました。沖縄県ですね。

よろしくお願いします。

ポイント

【次は何をしたらいいですか】
報告するときに「終わりました」だけでなく、「次は何をしたらいいですか」と聞くと意欲を伝えることができます。
次の指示を受けたら「復唱」して受けると、間違いが減ります。

参加者の感想 -

仕事上のコミュニケーションのとり方、いろいろな場面の"ほう・れん・そう（報告・連絡・相談）"を練習することができ、状況に合わせた言い方の勉強になりました。

第4節 緊急連絡をする（遅刻・早退・欠勤など）

病気やけがにより急な休暇が必要になったり、寝過ごすなどして遅刻してしまったりすることは誰にでもあります。
どのように説明したらいいか悩む人が多いのですが、できるだけ早く勤務先に連絡することで対処できます。

1 緊急連絡の仕方の手順

休みや遅刻などで、会社に緊急連絡をしなければならない場合があります。
それらの例と対処の手順について挙げてみました。

遅刻しそうになったときの例

▶電車（公共交通機関）が何らかの理由で遅れた

▶忘れ物を取りに帰った

▶出勤途中で具合が悪くなった（貧血、腹痛など）

▶うっかり寝坊してしまった

（伝えるときには「寝坊」ではなく「寝過ごしてしまいました」と伝える）など

急な休暇が必要になったときの例

▶体調が急に悪くなった（風邪、感染症、その他）

▶身内が亡くなった

▶突然事故にあった　など

緊急連絡の仕方の手順

（A）できるだけ早く直属の上司に連絡する

（B）今の状況を具体的に伝える

（C）「ご迷惑をお掛けして申し訳ありません」と伝える

（D）自分はどうしようと思っているのか、対処の方法を伝える

（E）出勤したらまず上司へあいさつに行き、説明してから業務に取りかかる

> 次ページから、具体的な場面ごとに練習をしていきましょう。

❷緊急連絡の仕方の練習

場面の例①	忘れ物をしてしまった

「うっかり寝過ごしてしまいました」にも使えます。

❶あなたは出勤するとき、財布をカバンに入れ忘れてしまいました。すぐに取りに帰りましたが出社が10分くらい遅れそうです。

(A) あなたは直属の上司に電話をかけました。

(B) 今の状況を具体的に伝えます。

(C) 「ご迷惑をお掛けして申し訳ありません」と伝えます。

(A) おはようございます。

(B) うっかり財布を忘れてしまい取りに帰りましたが、
　　10分くらい遅刻しそうです。

(C) ご迷惑をお掛けして申し訳ありません。

そうですか。仕方ないですね。分かりました。

(D) 自分はどうしようと思っているのか、対処の方法を伝えます。

(D) 到着したらすぐ会議の準備をします。大変申し訳あり
　　ませんがよろしくお願いいたします。

(E) あなたは10分遅れで職場に到着しました。出勤したらまず上司へあいさつ
　　に行き、謝罪してから業務に取り掛かります。

(E) おはようございます。遅れて申し訳ありませんでした。
　　すぐ準備します。

ポイント

【理由の説明】

誰でも1回はうっかり寝過ごしてしまうことがあるでしょう。ただその理由として「夜中までゲームをしすぎました」「昨晩飲みすぎてしまいました」だとしてもそのまま言うと、自己管理のできない人だと思われてしまいます。理由としては「目覚ましを掛け忘れて、うっかり寝過ごしてしまいました」くらいにしておいたほうが無難です。
寝坊は何回も繰り返さないように気を付けましょう。

病気の場合いつまで休んだらいいのか分からないので医師の指示を聞いてから、その結果も伝えます。

❶あなたは朝起きると、体がだるく熱を測ると38度ありました。

あなたは「報告の仕方の手順」に沿って、会社の上司に連絡をします。

(A) おはようございます。（あなたは直属の上司に電話をかけました。）

(B) どうも風邪をこじらせたようで、38度の熱が出てしまいました。

(C) 申し訳ありませんが、本日お休みをいただいてよろしいでしょうか。

(D) 今日担当の業務については同僚の○○に段取りを連絡しておきます。この後病院に行き診察を受け、結果が分かりましたらまた連絡いたします。

分かりました。インフルエンザなど感染症だったら、また教えてください。お大事に。

(E) 申し訳ありませんが、よろしくお願いいたします。

【病気になったら医師の判断を仰ぐ】

病状によっては数日休む必要があるかもしれません。病院に行き、医師に何日休むことになるのかを聞いてから、再度、会社に電話して必要日数の休暇を取れるようにしましょう。専門家からの意見は上司も納得します。逆に自己判断で出勤してしまうと、他の人にうつしてしまう可能性もあります。また、自己判断で「なかなか良くならないな」と休み続けていると、なぜ病院に行かないのかと不信に思われてしまうこともあります。知らずに重症化することもあるかもしれません。

参加者の感想 --------------------------------

今まで熱が出て休むとき、いつまで休んでいいか分からず、どう伝えていいか悩んでいました。でも職場に体調を伝えた後、病院に行って確認し、その後にまた伝えればいいと分かり、良かったです。

第5節　相談する

仕事のこと、職場の人間関係、体調のこと、生活の中の悩みなど、日々過ごしていればいろいろな悩みが出てきます。1人で悩み続けると、仕事にも影響してしまうことがあります。また働く気力がなくなり、辞めたくなることもあります。実はこの「相談するスキル」こそが、長く働き続けることのできる大事なスキルの1つです。相手に相談することによって早く対処することができ、気分も持ち直し、またがんばって働こうという気持ちになります。

▶ ［主治医や支援機関に思いを伝える・相談する］（P80）も参照してください。

1 相談の仕方の手順

相談を持ち掛けるときにも、タイミングがあります。

今すぐ相談したいとき（早い解決が必要なこと）

▶仕事の段取りがうまくいかない　　▶今取りかかっている仕事について

▶仕事で予想外の出来事が生じた　　▶仕事中、急に体調が悪くなった　など

後でゆっくり相談したいとき（昼休みや勤務終了後にお願いする）

▶長期休暇の相談　　　　　　　　　▶職場の人間関係について

▶勤務時間や仕事内容について　　　▶将来の希望について　など

相談の仕方の手順

（A）相手の顔を見て、声を掛ける

　　・「お忙しいところすみませんが、ちょっとよろしいでしょうか」

（B）用件を言う

　　・「○○のことでご相談したいことがあります」

（C）いつお願いしたいかを伝える

　　・「今、5分ほどお伺いしてよろしいですか」

　　・「勤務終了後に、お時間取っていただけないでしょうか」

　　・「お時間あるときに声を掛けていただけますか」

（D）相手が承諾してくれたらお礼を言う

　　・「ありがとうございます。よろしくお願いいたします」

❷相談の仕方の練習

場面の例①　**今の業務について、今すぐ相談したい**

用件をいきなり伝えるのではなく、まず相手の都合を聞いてから話しましょう。

❶あなたは工業用品の箱詰め方法を教えてもらいましたが、要領よく詰められず困ってしまいました。

（A）あなたは上司の近くまで行き、顔を見て声を掛けます。

〇〇主任、お忙しいところすみません。
今よろしいですか。

どうぞ。

（B）用件を言います。
（C）いつお願いしたいのかを言います。

（B）教えていただいた箱詰めのことなのですが、ぴったりとうまく組み込んで箱に詰められず困っています。
（C）もし今よろしければ、もう1度コツを教えていただけませんか。

いいですよ。

（D）相手が承諾してくれたらお礼を言います。

ありがとうございます。よろしくお願いいたします。

ポイント

【代わりに誰に質問すればよいのかを聞く】

この場面ではすぐに教えてもらえないと仕事が進みません。上司に何時だったら都合がいいかを質問し、その時間までは違う業務を行います。
上司の都合がすぐつかなければ、代わりに誰に教えてもらえるか聞いてみましょう。

場面の例②	体調について相談

 最近、ストレスの原因になっていることがあり、上司に相談することにしました。

❶あなたはここのところ睡眠がよく取れない日が続いており、疲労を強く感じるようになっています。最近、自宅の引越しや親の入院などもあり、それもストレスになっているのだと考えています。仕事に集中できないこともあり失敗したらと思うと不安です。そこで上司に相談することにしました。

（A）あなたは休み時間に、上司に声を掛けます。

 ○○主任、すみません。ちょっといいですか。

いいですよ。なんですか。

（B）用件を言います。
（C）いつお願いしたいのかを言います。

 （B）最近体調がすぐれず、そのことで相談させていただきたいのですが…
（C）仕事の後、少しお時間いただけますでしょうか。

分かりました。じゃあ17時に応接室でお聞きしましょうか。

（D）相手が承諾してくれたらお礼を言います。

 ありがとうございます。よろしくお願いいたします。

 ポイント

【気になっている用件を簡潔に伝える】
「体調の相談」だと分かれば、人前では話さずゆっくり話ができる場所がいいだろうと、上司も気遣ってくれるでしょう。仕事に影響が出そうなときには、理由が何であれ、相談してみると事情を理解してくれ、働きやすいよう配慮してもらえることもよくあります。休暇を取れたり、障がい者雇用では一時的に勤務時間の短縮なども配慮してもらえたりする場合があります。
相談の内容を伝えるときには、あらかじめ伝えたい項目をメモにして、それを見ながら話すと相手も理解しやすいと思います。

❶あなたには苦手な先輩がいます。その先輩はあなたの仕事ぶりについて事細かに指導をし、そばでじっと見ながら「それじゃあダメじゃないか」と何回もダメ出しをします。あなたはその先輩からまた注意されるのではないかと緊張し、びくびくした気持ちになり、自信も無くしてしまいました。
どうしたらいいか分からなくなり、上司に相談することにしました。

（A）あなたが休み時間に、上司に声を掛けます。

○○主任、すみません。ちょっといいですか。

（B）用件を言います。

いいですよ。何ですか。

（C）いつお願いしたいのかを言います。

（B）仕事のことで相談させていただきたいことがあります。
実はいろいろ悩むことがありまして…
（C）お忙しいところ申し訳ありませんが、仕事の後にお時間いただけますでしょうか。

そうなんですね。分かりました。
じゃあ 17 時に応接室でお聞きしましょうか。

（D）相手が承諾してくれたらお礼を言います。

ありがとうございます。よろしくお願いいたします。

【仕事を長続きさせるために大事な相談するスキル】
上司でも、同僚でも、友人でも、信頼のおける人に相談することができ、自分の気持ちを理解してもらえると心も軽くなります。ものごとの捉え方の工夫やアドバイスなど、自分では思いつかなかった対処の方法なども教えてもらえます。
1 人で悩まず、ぜひ相談するスキルで解決方法を探してください。

参加者の感想

自分は今まで悩んでも誰かに相談することができませんでした。むしろ自分で解決しなければと思い込んでいました。この練習のように声を掛けて相談できると、気持ちも楽になると思います。やり方が分かって良かったです。

SSTや支援を受け現在働いている人に聞きました❶

- -

【生活面で気を付けていること】

①生活のリズムを崩さないこと

　　（起床、食事、服薬時間、就寝時間を決める）

②友人と楽しい時間をもつこと

③趣味の時間をもつようにすること

【職場内で気を付けていること】

①「報告」「連絡」「相談」を欠かさずすること

②あいさつをすること

　「おはようございます」「よろしくお願いします」

　「お先に失礼いたします」「お疲れさまでした」など

③他の社員とのコミュニケーション（雑談、仕事の質問など）

【職場で困ったときにしてもらって良かったこと】

①気になることを担当社員や上司に相談し、聞いてもらったこと

②担当社員と定期的に面談をもってもらったこと

③疲れたときには、多めに休憩を取らせてもらったこと

【職場の配慮で良かったこと】

①マニュアルを作成してもらったこと

②簡単な業務から始めることができたこと

③業務を少しずつ増やしてもらったこと

【職場にコミュニケーションで配慮してもらって良かったこと】

①強い口調での指示や叱責をしないように配慮してもらったこと

②業務指示を分かりやすいよう具体的に説明してもらったこと

③体調や業務について、大丈夫か声を掛けてもらったこと

④休憩時間に話し掛けてもらったこと

第6節　質問する

仕事中に分からないことをそのままにしたり、後回しにしたりすると、業務に支障が出てしまいます。質問するのが面倒で自分で調べ「これでいいだろう」と勝手に予測して判断すると、それが間違っていることもあります。するとミスがミスを呼ぶ悪循環に陥る、あるいは解決まで時間がかかりすぎてしまい非効率になる場合もあります。分からないことがあるときは、すぐ質問し確認することで、正確に仕事を進めることができます。「聞くは一時の恥、聞かぬは一生の恥」ということわざもありますね。

質問内容は相手にとっても分かりやすいように、伝え方を考えておきましょう。

■1 質問の仕方の手順

　まず分かっていることと、分かっていないことをはっきりさせ、分かっていないことだけを質問します。

質問の仕方の手順

（A）分からない点をメモに書いておく

（B）相手の顔を見て「今よろしいですか」と相手の都合を聞く

（C）「分からないことがあるのですが、〇〇について教えていただけますか」と質問する

（D）分かっている部分があれば「〇〇までは分かるのですが」と伝える

（E）教えてもらった内容について忘れないようメモを取る（必要に応じて）

（F）説明してもらったことを復唱する（間違いなく確認できる）

（G）「ありがとうございました」とお礼を伝える

ポイント

【分からないのは恥ずかしくない】

「分からないことは、恥ずかしいことだと思って今までなかなか質問できませんでしたが、勇気を出して言ってみることが大事だと思いました」と参加者の感想がありました。

質問するスキルはあるのに、「分からないと恥ずかしい」とちゅうちょしてしまうこともあります。「分からないことはあって当たり前」「すぐ確認して正確に仕事を進めることが大切」と考え方を修正できると、スムーズに行動できるようになります。

❷質問の仕方の練習

場面の例①	印刷機の使い方を質問

❶あなたは資料の印刷を頼まれました。片面印刷の操作方法なら知っていたのですが、両面印刷の操作方法が分からず困ってしまいました。

（A）あなたは上司の近くまで行き声を掛けました。不明点はメモに書きました。
（B）相手の顔を見て「今よろしいですか」と相手の都合を聞きます。

すみません、○○主任、今ちょっとだけよろしいですか。

はい、どうぞ。

（C）「分からないことがあるのですが、○○について教えていただけますか」
　　と質問します。
（D）分かっている部分があれば「○○までは分かるのですが」と伝えます。

（C）資料の印刷をしたいのですが、両面印刷の仕方が分からないので、教えていただけますか。
（D）片面印刷だったら大丈夫ですが。

じゃあ説明するから見ていて。

はい。分かりました。

このボタンを押すと両面印刷のマークが出るから、次に紙をここに入れて…

（E）教えてもらう内容について忘れないようメモを取ります。
（F）説明してもらったことを復唱して確認します。

（E）※メモを取りながら
（F）このボタンですね。紙はここですね。

分かりましたか。

（G）お礼を伝えます。

はい、分かりました。ありがとうございました。

第7節 電話応対

電話応対の方法を練習しましょう。会社によっては誰でも手が空いていれば電話を取る場合もありますし、こちらから電話をかけて確認する、ということもあります。電話はその職場の顔です。良い印象を与える話し方を身に付けましょう。

①電話応対の手順

電話応対は、敬語の練習にもなりますので、社会人としての言葉遣いも身に付きます。

電話応対のポイント

▶明るい声で　▶はっきり大きな声で　▶丁寧に　▶敬語を使って　▶メモを取って
＊姿が見えなくても姿勢が声に表れます。指遊びなどしながらの電話はやめましょう。

電話応対の手順

(A) 所属名、所属課、自分の名前を名乗る
(B) 相手が名乗ったら誰にでも使う決まり文句を言う
　　「いつもお世話になっております」
(C) 自社の上司は呼び捨てで復唱し
　　「○○課の○○ですね」「少々お待ちください」
(D) 電話を受けたら内容をメモしておく
　　（日時、誰宛に、相手の所属と名前、用件、折り返しの電話が必要か否か、最後に自分の署名）
(E) 不明な点は質問して確認する

ポイント

【敬語も電話応対も口に出して練習すれば慣れる】
敬語は何回も口に出すことで舌が覚えてきます。また電話応対は、順序とセリフがある程度決まっているので、その決まり文句を覚えたり、紙に書いたりしてすぐ確認できるようにしておくと慣れていきます。

参加者の感想

1番苦手だと思っていた電話応対の練習を行い、実際に職場で電話当番ができたことに驚きました。できないと思い込まずに、やってみることも大事だと感じました。

❷ 電話応対の練習

| 場面の例① | 基本的な最初の対応の仕方 |

(A) はい、○○会社○○課のAでございます。

佐藤商事の川村と申します。

(B) いつもお世話になっております。

お世話になっております。課長の竹内様はいらっしゃいますでしょうか。

(C) はい、竹内ですね。少々お待ちください。

| 場面の例② | 相手が指名した竹内課長が外出して席にいなかった |

（E）折り返しの電話が必要か否かを確認します。

申し訳ありません。ただ今竹内は外出しておりまして、14時には戻る予定になっております。戻り次第こちらからご連絡させていただきますが、いかがいたしましょうか。

| 場面の例③ | 相手の名前が長くて聞き取れなかった |

（E）聞き取れなかったので、質問をして確認します。

申し訳ありません。恐れ入りますがもう1度ご所属とお名前を教えていただけますでしょうか。

| 場面の例④ | 相手が名乗らず突然用件を話してきた |

（E）相手の名前を確認します。

恐れ入りますが、お名前を伺ってよろしいでしょうか。
ご用件を伺ってよろしいでしょうか。
○○の件ですね、担当の者につなぎますので、少々お待ちください。

第8節 休暇を取る

突然の出来事で休暇を取る方法は、［第4節緊急連絡をする］（P34）で説明しました。ここでは、これから予定を立てて休暇を取りたいときのコミュニケーションを練習します。仕事の状況も考え事前に上司に相談します。長期休暇になるほど、早めの相談が必要です。

❶休暇を取る手順

取りたい休暇が1日か、長期の休暇なのかで伝え方が変わります。

有給休暇だから休みを取るのは当然の権利、と思っていきなり休みたい日程を提示するのではなく相談します。その方法を練習してみましょう。

1日の休暇を取りたいとき・例	2日以上の休暇を取りたいとき・例
▶通院 ▶役所や金融機関の手続き ▶集合住宅の点検日 　（防災機器、修繕工事など） ▶余暇 　　など	▶旅行 ▶引越し ▶結婚式 ▶出産 ▶法事（遠隔地） ▶手術、入院、休養 　　など

休暇を取る手順

（A）上司の手が空いているときに声を掛ける
　　（休み時間や始業前、終業後）
（B）休暇について相談したいことを伝える
（C）希望の日に休暇が取れるかを相談する
　　（日程調整が必要なら、また後日相談する）
（D）休暇が取れたことへのお礼を言う

では、場面の例に沿って練習してみましょう。

②休暇の取り方の練習

場面の例①	1日の休暇を取る

❶あなたは、最近疲れがたまってきていると感じています。1日休みを取ることにしました。

(A) あなたは、休憩時間に上司の手が空いたのを見計らって声を掛けます。
(B) 休暇について相談したいことを伝えます。

すみません、休暇のことで相談したいのですが、今いいですか。

いいですよ。

(C) 希望の日に休暇が取れるかを相談します。

来週の月曜日、できたらお休みをいただきたいのですが。

来週…（スケジュールボードを見る）通常業務なので大丈夫だね。

(D) 休暇が取れたことへのお礼を言います。

ありがとうございます。ではよろしくお願いいたします。

ポイント

【有給休暇について】
有給休暇を取ることは、労働者の権利なので特に理由を伝える必要はないと言われています。
1～2日でしたら「私用で」と伝えればいいと思います。
ただ3日以上取る場合は、仕事に影響が出る可能性があり、何かのときには仕事で確認連絡などが入るかもしれません。
冠婚葬祭にかかわることは、別に慶弔休暇がある場合もあり、有給休暇とは違う手続きが必要です。事情があるときは、上司にはあらかじめ伝えておくといいでしょう。

❶あなたは友人と旅行の計画を立てることになりました。4日間の休暇を取りたいと考えています。

（A）あなたは、休憩時間に上司の手が空いたのを見計らって声を掛けます。

（B）休暇について相談したいことを伝えます。

すみません、休暇のことで相談したいのですが、今いいですか。

いいですよ。

（C）希望の日に休暇が取れるかを相談します。

実は友人と旅行の計画を立てていまして、2カ月後の10月くらいに4日間お休みをいただきたいと考えているのですが、休まない方がいい日はありますか。

月末は会社の展示会の準備で皆忙しいから、それ以外の時期だったらいいですよ。

では、10月の上旬だったら大丈夫ですか。

そうだね。それだったら大丈夫です。

（D）休暇が取れたことへのお礼を言います。

ありがとうございます。では日程が分かりましたらすぐお伝えします。よろしくお願いいたします。

SSTや支援を受け現在働いている人に聞きました❷

【働き続ける中で、良かったこと】

○自分で働いた収入で生活でき、自信を回復できた。

○収入を得て、趣味が広がり人とのかかわりが増えた。

○仕事ができ給料がもらえる喜び、気持ちにもメリハリができた。

○家族、親族に対しても経済的義務が果たせ、関係も良好になった。

○社会の中で何かの役に立てていることが嬉しい。

○社会的信用を得て、今何をしているか聞かれても困らない。

○会社で多様な経歴をもつ人と接し、学びと成長が得られた。

○生活のリズムが身に付き、規則正しい生活を送れるようになった。

○働いて体を動かすこと、人と話をすること、全てがリハビリだと思う。

【自分自身が大切にしていること】

○仕事に役立つ勉強をすること。

○遅刻欠勤などなく、余裕をもって出勤時間を迎えること。

○仕事を最後まであきらめず、丁寧にゆっくりとこなすこと。

○ストレスがたまり無理を感じたら相談するなど早く解消すること。

○生活のリズムを崩さない。無理をしないこと。

○早寝早起き、睡眠不足にならないようにすること。

○人間関係で思いつめないこと。

○自分からあいさつすること。笑顔を心掛け、雑談も積極的に行う。

○気の合わない人には傷つけられないよう心を開きすぎない。

【働くことを目指している仲間に伝えたいこと】

○何事に対しても1つの仕事を長く続けることを大切に。

○休むことを恐れずに、今日は無理だと思ったら休む。でも休むときのために、
　がんばれる日は人よりがんばったり、普段から話せるようにしておくと良いです。

○ゆっくりでいいので自分のペースで前に進んでいくこと。

○周りの人たちへの感謝の気持ちを忘れずに。

○障がいをもっているからといって、何も引け目に考えなくてもよい。

○働きたいという強い気持ちを持ち続けることで道は開かれる。

○どんな仕事でも必ず誰かの役に立っているので、与えられた仕事を心を込めて、
　誇りをもってできればいいと思う。

○働く中でさまざまな困難があり、ときには傷つくこともあるが、そんなときは
　上司や支援者に相談しよう。SOSを出せるところを作っておいてください。

第**9**節 お願いする

仕事をしていると、自分だけでは対応できないことが出てきます。例えば、荷物を持ちきれないとき、担当の仕事が時間までに終わりそうもないとき、高いところにあるものが取れないとき、自分の手が離せないが誰かがしなければならない業務に気付いたとき、など。

それらを全部自分でしようと無理をすると、時間が余計にかかってしまったり、無理して体を痛めたりすることになります。そして「なんで自分ばっかり」と暗い気持ちや怒りを覚えるかもしれません。そうなると前向きな気持ちになれず、周囲にも否定的な感情を抱くようになります。それは自分にとっても損してしまうことです。困ったときにはお互いにお願いしたり、協力できたりする関係を作っておきましょう。ここでは、お願いするスキルを練習します。

■お願いの仕方の手順

お願いするときは、P27で紹介した「クッション言葉」を使いましょう。

お願いの仕方の手順（クッション言葉を使って）

- （A）クッション言葉を使う「すみません、ちょっといいですか」
- （B）相手の都合を聞きながら「お願いしたいことがあるのですが」と伝える
- （C）お願いしたい理由と内容を伝え、お願いを聞いてもらえるととても助かることを伝える
- （D）相手がしてくれたらお礼を伝える

ポイント 【お願いできると仕事も気持ちも楽になる】
自分ができなければ他の人に上手にお願いできると、効率よく仕事が進みます。また無理して自分だけが背負い込み「自分ばっかり」と思わなくてすみます。

参加者の感想

以前は無理な仕事を断れずに体調を崩してしまうことが悩みでしたが、仕事内容を相談したりお願いしたりすることについて、相手に不快な思いをさせないような伝え方を教わり、勉強になりました。

❷お願いの仕方の練習

場面の例①　荷物がたくさんあり１人で運んだら腰が痛くなりそう

❶あなたは納品するための製品を集荷用の倉庫まで運ぶことになりましたが、重いので台車に載せるのも一苦労です。近くにいた先輩に手伝ってもらうことにしました。

（A）クッション言葉を使って近くにいた先輩に声を掛けます。

すみません、ちょっといいですか。

（B）相手の都合を聞きながら「お願いしたいことがある」と伝えます。

なんですか。

もし今よろしければ、お願いしたいことがあるんですが…

C）お願いしたい理由と内容を伝え、お願いを聞いてもらえるととても助かることを伝えます。

納品する製品が重いので一緒に運んでもらえると、とても助かります。

（D）相手がしてくれたらお礼を伝えます。

いいですよ。

ありがとうございます。

場面の例②　担当業務をしながら、別の業務時間も迫っていて誰かに頼むとき

❷取引業者がもうすぐ来るので、あなたは納品準備に追われています。ただ廃棄物回収業者ももうすぐ来る時間だと気付きました。廃棄物を誰かが回収場所まで運ばなくてはなりません。あなたは同僚にお願いすることにしました。

お願いの仕方の手順に沿って話していきます。

（A）ちょっといいかな。

なに？

（B）お願いがあるんだけど…
（C）もうすぐ廃棄物回収業者が来るから回収場所までごみをもっていってくれるかな。僕は納品の準備があるから申し訳ないけど手が離せないんだ。やってくれると助かるよ。

あ、もうそんな時間だったんだ。持っていっておくよ。

（D）ありがとう。

第10節 断る

人間関係の中で、特に難しいと感じるコミュニケーションは、相手の意見と違う考えをもっているときに伝えるかどうか、あるいは相手の要求や願いを断りたいときなど、相手の期待とは違う反応をしたいときです。

「相手の気分を損ねないようにうまく断りたい」と思っていても、どう言っていいか分からず、断れないまま無理をして相手に合わせ、疲れすぎてしまい人付き合いが面倒になることもあります。

また「断ったら悪い」「関係が悪くなるのではないか」と思っている人も多いようです。断ることは自分の事情を知ってほしいことでもあり、相手の存在を拒絶するという意味ではありません。

上手な断り方を身に付け、無理しすぎない人間関係を作りましょう。

■1 断り方の手順

相手の事情もあると思いますが、自分の事情も大切です。

断ることは悪いことではありません。相手との関係を考えながら上手な断り方を身に付けていきましょう。

断り方の手順

（A）相手の言うことを復唱する

　　⇒これは相手の意見を受け止めたよ、というサイン

（B）相手の言ったことについて肯定的意見を伝える

　　⇒相手を否定していないサイン

（C）自分の事情を伝える

（D）自分ができる範囲での提案と、お礼あるいは謝罪を伝える

MEMO

❷断り方の練習

場面の例①	親しい関係にある相手の誘いを断る

> 親しい人からの誘いなどを断るときには、断った後の代替案を提案することがポイントです。相手も「拒否されたわけではないんだな」と感じるので、関係を続けることができます。

❶友人から電話があり「今度の週末、飲みに行かない?」と誘われました。嬉しい反面、このところ風邪気味で体がだるい感じです。無理すれば行けるかもしれませんが、あまり行きたい気持ちにもなれません。

友人から電話が来ました。

> 元気? よかったら久し振りに、今度の週末飲みに行かない?
> 会って話したいこともいろいろあるし。

(A) 相手の言うことを復唱します。
(B) 相手の言ったことについて肯定的意見を伝えます。

> (A) 久しぶりだね。〇〇も元気? 今度の週末飲みに?
>   そうだなあ、久し振りに会って話したいなあ。
> (B) 誘ってくれて嬉しいよ。

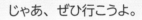

> じゃあ、ぜひ行こうよ。

(C) 自分の事情を伝えます。
(D) 自分ができる範囲での提案と、お礼あるいは謝罪を伝えます。

> (C) ただ、今風邪気味で調子が悪いんだ。週末は用心してこれ以上悪化しないように休もうと思っているんだ。
> (D) よかったら別の日にお願いしていいかな。風邪がよくなったらこちらから連絡するよ。せっかく誘ってくれたのにごめんな。

> 分かったよ。じゃあ風邪が治ったら連絡してくれよ。

> 連絡するよ。

❶上司がやってきて、予定に無かった仕事を急に頼んできました。
あなたは今日中に終わらせなければいけない業務があり、今引き受けると間に合わなくなりそうです。

POINT

● 「無理！」という気持ちをそのまま言葉にすると拒絶の態度が伝わってしまう

● 今すぐできなければ「こんな状況になればできる」ことを提案する

● 手伝えなくて申し訳ない気持ちで仕事状況を伝えることができれば理解してもらえる

　急に言われると「え！無理無理！」と思ってしまいますが、それをそのまま言葉にすると明らかな拒絶の態度となって伝わり、相手も気を悪くし人間関係にも影響します。

　また自分の業務を犠牲にして引き受けると、自分だけが無理強いされ損している、と嫌な気持ちだけが残ります。

　仕事はお互いの協力が組み合わさり成果が上がります。

　今すぐできなければ「こんな状況になればできる」ことを提案すると、上司も見通しを立てながら段取りを考えることができます。

　また、自分の業務が立て込んで困ったときには、他の社員が融通して手伝ってくれることにもつながるでしょう。

　あるいは「大変心苦しいのですが」と、手伝えなくて申し訳ない気持ちを伝え、自分の仕事状況を伝えることができれば、上司も理解してくれるでしょう。

【できることを提案する】

上司から仕事を頼まれると断りづらいですね。

職場の人間関係はできれば悪くしたくないですが、だからといって何でも引き受けていたら自分がパンクしてしまいます。

自分の状況も上手に伝え、できることを提案してみましょう。

場面の例②を練習してみましょう

では一緒に声に出して練習してみましょう。

上司がやってきて言いました。

ちょっといいですか。A社から製品の発注が入って、なるべく早くそろえてほしいと言われたのでそれをお願いしたいのですがいいですか。

（A）相手の言うことを復唱します。

A社から製品の発注ですか。早くしてほしいとおっしゃっているのですね。

そうなんですよ。今できますか。

（B）相手の言ったことについて肯定的意見を伝えます。
（C）自分の事情を伝えます。
（D）自分ができる範囲での提案と謝罪を伝えます。

（B）急いでいるそうなので、すぐそちらに回れればいいのですが…
（C）ただ私も17時までに行わなければならない発送業務があります。
（D）なんとかがんばれば、16時30分くらいまでにはできるかもしれません。終わったらすぐそちらに回りたいと思いますが、お約束できるかどうか分かりません。申し訳ありませんが、それでいかがでしょうか。

そうですか…では他の人にも聞いてみますが、もし終わったらこちらをお願いします。

分かりました。行けるように努力します。

あなたにとって、あまりにも無理な要求や被害にあいそうな依頼は、相手の都合は考えずに自分の身を守るためにきっぱりと断ることも大切です。
特に相手が自分の利益しか考えていない場合や、我慢を強いられる関係を続けなければいけないような場合には迷わず断りましょう。
ここで紹介するいくつかの言い方を参考にしてください。

❶知り合いがある商品の販売員をしており「この商品すごくいいから、買ってみない?」と言ってきました。体には良さそうですが、高額で買う気にはなれません。知り合いなので無視できませんが、今後も勧められないように断ることにしました。

返答例

● 「こういう商品は興味ないから、悪いけど他の人に聞いてみてね」
● 「ごめん、お金も無いし、私の趣味でもないから遠慮しておくわ」
● 「今のところ自分には必要ないので、他にあたってもらえますか」

❷職場の同僚が、帰り際に「ちょっとお金貸してくれないか」と言ってきました。「1週間後に返すから」というものの、自分は貸したくありません。かといって職場で険悪な関係にもなりたくありません。

返答例

● 「僕もいつもカツカツなんだよ。自分も借りたいくらいだよ」　⇐冗談風で
● 「悪いけど、自分はお金を貸さない主義なんだ。ごめんな　」　⇐主義を主張
● 「銀行や役所に相談してみたらどう?」　　　　　　　　　　　⇐正当な窓口を紹介
● 「僕なんかよりもっとお金持ってる人に頼んだら?社長とか」　⇐真面目な顔で
● 「給料を前借りできるか、経理に聞いてみたら?」　　　　　　⇐方法の提案

このように返答した後は、その人からなるべく早く離れることがコツ。
「急ぐから先行くね」「寄るところがあるからお先に」など。

お金を貸してほしいと言われたら

あなたの優しさに乗じて…

SST の参加者の中には「お金を貸してほしい」と言われた例があり、練習テーマにも挙がります。

断り方のいろいろな言い方の他に、「1,000 円までだったらあげるつもりで貸す」という意見もありました。

ただ「お金を貸して」という人は、頼むことに慣れている可能性があります。

また、断らなさそうで優しそうな人を選んでいる可能性もあります。

対処に困ったらまず相談。相談するスキルを使って

このようなことを言われて困ったときには、自分だけで対応しないで、信頼できる人に相談しましょう。そのとき、『相談するスキル』は、とても有効です。
⇒ [第 2 章第 5 節相談する]（P37）

職場の同僚と一緒に帰るとき「お金を貸してくれ」と頼まれて困り、信頼できる上司に相談した結果、上司がその同僚と退勤時間が重ならないようシフトを組み替えてくれた、という実例もあります。

そうなると心の負担も減ります。

対処に困ったらぜひ信頼できる人に相談し、一緒に対応方法を考えてもらいましょう。

参加者の感想

SST では「働いていてこれまでに実際に困ったときの断り方」について皆の経験を挙げ、対処の方法を練習していきました。例に沿って実際に練習し体感してみて、精神的に負担の少ない上手な断り方を知り、対人関係を円滑に対処していく方法を身に付け、少しずつ自信につなげていきました。

第11節 仕事で注意や批判されたとき

仕事がうまくできずに、注意されたり、批判されたりすることは、誰にでもよくあることです。注意や叱責を受けると頭が真っ白になってしまい、ひたすら謝ったが何をどうしたらいいのか分からなくなった、という声もよく聞きます。気持ちが落ち込んでしまう場合もあるでしょう。自分が責められた、自分という人格が否定されたと感じる人もいます。

とはいえ、注意や批判をする人はあなたを攻撃しているのではなく、「正確に行ってほしい」「上手になってほしい」「仕事を覚えてほしい」という期待を持っています。まず相手の説明をよく聞き、改善点を確認することができれば、自分の仕事のスキルアップにつなげることができます。これも1つの経験、成長の機会と受け止め、次回に活かしていきましょう。「失敗は成功のもと」です。

1 仕事で注意や批判されたときの対応手順

仕事で注意されたときは考え方を工夫してみましょう。

通常の考え方	考え方の工夫例
「注意された」 ⇒自分はダメなんだ。 ⇒できない人間だと思われているんだ。	「注意された」 ⇒上達してほしいからだ。 ⇒注意されたおかげでやり方が改善でき、失敗からスキルアップできる。

仕事で注意や批判されたときの対応手順

（A）まず相手の言うこと（注意点）を聞き、必要に応じて相手に「すみません」「申し訳ありません」と謝る

（B）そのときは、仕事の手を止め、真剣な表情で相手を見る

（C）どうすればいいのかアドバイスを求める。改善点や手順の見直しを聞く
「どのようにしたらいいでしょうか」（このとき、自分の工夫を伝えてもいい）

（D）説明されたことを復唱する
「〇〇ですね」

（E）今後の意欲を伝える
「今後注意して取り組みます」
「上達できるようがんばります」

❷仕事で注意や批判されたときの対応練習

場面の例①	「もっと早くして」と言われたときの対応

❶あなたは電器部品と説明書をセットで袋詰めする作業を行っていますが、手間取ってしまい「もっと早くしてくれる?」と注意されてしまいました。

もっと早くしてくれますか? これじゃ午後の納品に間に合わないかもしれませんよ。

注意されたときの対応の手順に沿って話していきます。

(A) (B)（手を止め相手の顔を見て）申し訳ありません。
(C) 自分でも早くしようと思っているのですが…部品が袋にひっかかってしまいスムーズにいかないのです。どのようにしたら早く詰められるか、コツを教えていただけないでしょうか。

説明書を先に入れてから部品をこの角度で入れると早いよ。

(D) はい、説明書を先に入れ、部品をこの角度ですね。

そう、それでやってみてください。

(E) このやり方で早くできるようがんばります。
ありがとうございました。

【注意されたときには気分転換を】
仕事で注意や批判を受けると、憂鬱（ゆううつ）になり気持ちも落ち込みます。「注意された」「批判された」ときは考え方の工夫をしてみましょう。またその後の気分転換方法やストレス解消法などを、問題解決技法を使ってアイデアを出し、対処法の1つとして生活に取り入れていきましょう。
⇒［第7章上手な気分転換、仕事のストレス解消法］（P111）

参加者の感想

「失敗したらと思うと、何回も確認して手間取ってしまう」と自分の思いを先輩に伝えたら、「誰だって失敗します。だから次に検品工程があるから大丈夫ですよ」とアドバイスをもらい、気持ちが軽くなりました。

第12節 仕事で失敗や間違いをしてしまったとき

仕事をしているとき、ミスが出ないよう注意していると思いますが、思いがけず失敗や間違いをしてしまうことは誰にでもあります。失敗すると動揺し、どうしていいか分からないこともあるでしょう。できれば上司に知られたくないと思うこともあります。

しかし、ここで重要なのはすぐ対処することです。失敗してしまったらすぐ上司に報告して謝罪し、すぐ対処できればその後の仕事もスムーズに進められます。勇気をもって報告しましょう。

1 失敗や間違いを報告・対処する手順

失敗や間違いは誰にでもあります。どのように報告・対処したらいいのでしょうか。

せっかく報告しても、「すみません」しか言わなかったり、「廊下にあんなに荷物があったらぶつかりますよね」「このくらい大丈夫だと思ったんですが…」など、自分の感じたことや、言い訳っぽい伝え方では、せっかく勇気を出して報告してもあなたの思いが伝わりません。

しかし1番良くないのは、失敗を隠すことです！

対処の方法を練習していきましょう。

失敗や間違いを報告する仕方の手順

（A）失敗が分かったらすぐ上司のところに行く

（B）真剣な表情で声を掛ける
　　「すみません、失敗してしまいました」

（C）事実を簡潔に伝える（長々と説明しない）

（D）自分がしたことについて謝罪する
　　「本当に申し訳ありません」（頭を下げる）

（E）対処の仕方について聞く（内容を復唱する）

（F）今後気を付けることを伝える（二度としない、とは伝えない）

ある会社の社長さんが「間違いや失敗を隠されるのが1番困る。だから間違いや失敗を報告した社員をほめるようにしたら、ミスが減りましたよ」と話してくれました。

❷失敗や間違いを報告・対処するときの練習

場面の例①	製品を落としてしまった

❶あなたは台車に荷物を載せて運んでいたら、通路側に積んであった段ボール箱に接触し、1番上の箱を落としてしまいました。箱は落ちた衝撃でへこみ、中に入っていた製品が傷ついたかもしれません。

（A）あなたはすぐに上司のところに行きました。

 今、よろしいでしょうか。

 なに？

（B）真剣な表情で声を掛けます。

 ○○主任、すみません、台車を箱にぶつけてしまいました。

（C）事実を簡潔に伝えます。

 え！

（D）謝罪し、深く頭を下げます。

（E）対処の仕方について聞き、内容を復唱します。

（C）箱を落とし、へこんでしまいました。製品も傷ついたかもしれません。

（D）私の不注意です。本当に申し訳ありません。（頭を深く下げる）

（E）この箱と中の製品はどうしたらよろしいでしょうか。

中の製品が傷ついてないか点検してから、新しい段ボールに入れなおしておいて。
製品に傷があったら替わりの製品を考えないといけないので、そのまま置いておいて。

（E）（復唱して）中の製品を点検して傷ついていなければ新しい箱に入れなおし、傷ついていたらそのまま置いておくのですね。

そう。すぐ替わりの製品がないからね。今度は気を付けてよ。

（F）今後気を付けることを伝え、深く頭を下げます。

今後は十分注意して運ぶように気を付けます。
本当に申し訳ありませんでした。

「失敗を報告するとき」「失敗しそうなとき」

失敗や間違いをしてしまうことは誰にでもあります

> 大事なことは失敗しても隠さないで報告することです。
> よくある質問と対応例をまとめておきます。

失敗を報告するときは？

謝るときのお辞儀は頭を深く下げると、より謝罪のメッセージを表すことができます。

ミスを減らしたいときは？

その場での対応だけではなく、なぜミスをしたのかを振り返り、状況に合う対処法を考えることができれば、ミスを減らすことができます。

職場がとても忙しいときは？

早くしなければとプレッシャーを感じていませんか？ 担当業務は焦らず落ち着いて確認しましょう。

仕事にまだ慣れていないときは？

手順や段取りや担当の業務内容をメモに取り、よく確認しましょう。

仕事に集中できない、周りの目が気になってしまうときは？

疲れがたまっているのかもしれません。早めに睡眠を取り、ゆっくり休みましょう。気分転換をしましょう。

会社の人から

【分からないときは SOS を出して】
職場では、「報告・連絡・相談」これがしっかりとできることが大事です。特に最後の相談が大切で、問題が小さいうちに相談することで、様々な問題を解決できるのではないかと考えております。また、SOS サインを出せるようになってほしいと思います。分からないときに教えてくださいと言えるようになってほしいのです。
失敗から経験を積んでいってください。

第3章

職場で良い人間関係を
作る伝え方の練習

職場で良い人間関係を作りたいと思っていても、他の社員にどう声を掛けて
いいのか分からないと困ってしまいます。

また、言いたくないことを聞かれて困ってしまうという人もいるでしょう。

ここでは、良い人間関係を作るスキルを具体的に練習して、身に付けていき
ましょう。

第1節 相手の良いところ、できているところを伝える

「相手の良いところや、できているところを伝える」ことで、職場での良い人間関係を作ることができます。

「ほめる」ことは苦手でも、「良いところ」は、見たまま伝えればいいので言いやすいと思います。

相手から言われると嬉しいものですし、あなたの好感度がアップするスキルです。

ポイントを練習して、ひと言でいいのでぜひ伝えてみてください。

1 良いところ、できているところの伝え方

「いいなあ」と思ったことを伝えるパターンを下記にまとめてみました。ぜひ、参考にしてみてください。

相手の身だしなみや服装、持ち物に注目	●さわやかなヘアスタイルがいいですね ●きれいな色のシャツですね　●カバンがおしゃれ！ ●かっこいいスニーカーですね ●今日のファッション、いいですね ●その色、似合ってますね
相手の表情、人柄性格に注目	●笑顔がいいですね　●優しいですね　●誠実な方ですね ●明るくていいですね　●社交的ですね ●いつも落ち着いていますね　●がんばりやさんですね ●あったかい雰囲気がありますね ●他人への気遣いがすごいですね　●努力家ですね ●いつも一生懸命ですね
相手の仕事への姿勢取り組みに注目	●すごい集中力ですね ●いつも前向きな姿勢がいいなあと思います ●手先が器用ですね　●根気強いですね ●いつも丁寧ですね　●チャレンジ精神がいいですね ●仕事熱心ですね　●さすがベテランですね ●積極的に取り組んでいますね　●いつも正確ですね ●間違いなくできていますね　●きれいにできていますね ●整理整頓が上手ですね

2 良いところを伝える手順

1 でリストアップした「良いところ」を参考に、相手に伝える練習をしていきましょう。このスキルはいろいろな場面で使うことができます。

良いところを伝える手順

（A）相手の目を見て

（B）明るい表情で

（C）いいなあ、と思ったことを伝える

> いろいろな場面で使えるとても便利なスキルです。
> ぜひ練習して使ってみましょう。

この伝え方は NG です

例えば、「いつもナイスバディですね」という言葉。

あなたは、ほめたつもりで伝えたのかもしれません。しかし、セクハラと受け取られる可能性もあります。

身体的なことをほめると別の意味に誤解されやすくあなたが損をします。

3 良いところを伝える練習

| 場面の例① | **出勤時**（同僚に朝のあいさつをした後に良いところを伝えます） |

❶あなたが会社に出勤して、同僚にあいさつをします。同僚は新しいスニーカーを履いていました。

（A）相手の目を見て

（B）明るい表情で

おはようございます。

おはようございます。

（C）いいなあ、と思ったことを伝えます。

そのスニーカー、かっこいいデザインでいいね。

ありがとう。前から欲しくて買ったんだ。

65

❶あなたは先輩の仕事ぶりを見ていると、その効率の良さにいつも感心しています。

　　　（A）相手の目を見て
　　　（B）明るい表情で
　　　（C）いいなあ、と思ったことを伝えます。
　　　あなたは、　先輩に休憩時間に声を掛けます。

> 先輩はいつも効率よく手早いですね。さすがベテランですね。

> もう何年もやってるからね。君も長年続けたらそうなれるよ。

> そうなりたいです。

【普段の生活の中で、良いところを伝える練習をしてみましょう】

仕事以外でも、普段の生活の中で家族や友人、お店の人などの良いところを見つけ、伝える練習をしてみましょう。
慣れれば、すぐ言葉にできるようになります。

※相手から自分の良いところを言われたら…
「ありがとうございます」「嬉しいです」と素直にお礼の言葉や気持ちを伝えましょう。

参 加 者 の 感 想

> 練習では良いところをほめてもらい、嬉しかったです。
> やってみることで体感して学ぶことができました。自分も相手の良いところを伝えたいと思います。

第2節 してほしいことを伝える（責めずに的確な指示を出す）

「何やってるんだ」「しっかりしてくれよ」「どうしてそうなるんだ」「もっと自分でよく考えてください」…仕事で、他の社員の間違いや失敗が見つかると相手に対して感情的に責めたくなることがあります。

しかし、この４つのセリフは、失敗に対して具体的にどうしてほしいかは何も伝えていませんし、言われた側は、精神的に落ち込む、叱責にパニックになる、自分で考えても分からず余計に時間がかかる、指示した人へ感情的になる、などあなたの望まない結果が、相手から引き出されてしまう可能性が高くなります。

指示を出す側は、相手にどうしてほしいかを具体的に伝えることで、早く正確に修正することができます。仕事の目的は、皆が協力して業務を遂行し、仕事の質を高め、利益を生むことです。

■1 責めるのではなく、してほしいことを伝える手順

相手に指示を出すとき、相手にどうしてほしいかを具体的に伝えることで、早く正確に修正し、業務を遂行することができます。

> 誰も間違えたり失敗はしたくないのですが、方法が分からなかった、慣れていなかった、勘違いしていたなどの理由からできないことがあるのです。

責めるのではなく、してほしいことを伝える手順

（A）間違いや失敗の原因を聞く

（B）なぜそうなったかを客観的に分析する

（C）相手には、その後の具体的な対処方法を伝える

MEMO

❷責めるのではなく、してほしいことを伝える練習

場面の例①	あなたの後輩は取引先へ製品を納品しましたが、後日取引先から数の不足について連絡がありました。後輩は「自分は確認したし間違っていない」と言います。

❶あなたは「じゃあどうしてこうなるんですか」「自分の間違いを認め謝ってほしい」と言いたくなりましたが、どのように対処すればいいのかを具体的に考えることにしました。

（A）間違いや失敗の原因を聞きます。

> 数の確認はどのようにしましたか？

> 注文票を見て数を確認しました。

> では注文票を一緒に確認しましょう。

（B）後輩と一緒に注文票の束を1枚1枚確認したところ、後から追加注文が届いていたことが分かりました。

（C）相手には、その後の具体的な対処方法を伝えます。

> 追加注文の数が不足していたのですね。今度からは納品の前に、もう1度注文票を確認すると数の間違いがないと思います。

> 追加分は見落としていました。すみませんでした。今度から気を付けます。

> では、まず取引先の担当者に電話を入れて、追加注文票を見落としていたことの謝罪を丁重に伝えてください。そしてすぐ不足分を届けると伝え、今日中に届けてもらえますか。

> 分かりました。すぐ電話して準備します。

互いの勘違いを防ぐために

- -

こんな言い方は、相手に真意が伝わらず 勘違いを引き起こしてしまいます

こちらの意図が相手に伝わらず、お互いに勘違いして しまう言葉があります。以下に挙げてみます。

どうしてそうなるんだ

本人もどうしてそうなってしまったのか分からないので失敗するのです。

自分でよく考えろ

自分で考えられたら失敗しないです。何をどう考えていいか伝わりません。

何度言ったら分かるのか

何度言っても伝わらないのは、指示側の表現力の問題かもしれません。

ちゃんとしてくれと言っただろう

「ちゃんと」が何を意味するのか相手に伝わっていません。

しっかり頼んだよ

「しっかり」の意味が伝わらず、あなたの意図とは違う別の解釈をされる可能性が あります。

ポイント

【責めずに的確な指示を出そう】
このような言葉ではなく、対処してほしい具体的な 方法を伝えましょう。あるいはどうしたらいいか相 手と一緒に考えて対処法を示すと、相手も納得し、 良好な関係を保つことができます。

休憩時間や宴会などでの雑談

休憩時間やお昼休みに職場の人とちょっとした雑談ができると、互いに人柄が分かり親近感を覚え、仕事が楽しくなったり、仕事のコツや人生の先輩としてアドバイスをもらえたりと職場の人間関係がスムーズになります。職場で友人も作れます。
反面、プライベートなことを詳しく聞かれ困ってしまい、逆に人を避けたくなる場合もあります。
また、どのような話をしたらいいのか分からない、新しい関係作りに緊張する、どう思われるか不安、ということもよくあります。できるところから、少しずつチャレンジしてみましょう。

❶雑談の仕方の手順

職場の誰とでも話せる話題があります。まずは、そこから話してみましょう。

誰とでも気軽に話せる話題	職場ではあまりしない方がいい話題
天気　季節　最近のニュース スポーツ　音楽　旅行　グルメ ファッション　趣味　今の仕事 マイブーム　ペット　テレビ番組 仕事について	特定の政治　宗教　収入　学歴 家族構成　下ネタ　悪口　愚痴 身体的特徴（体重など）

雑談の仕方の手順

（A）明るい表情で相手の顔を見る
（B）誰とでも気軽に話せる話題の1つを選び、話し掛けてみる
（C）会話が続くスキルを使う

　　a）その話題について相手に質問する
　　b）相槌を打つ「そうなんですか」「なるほど」「うんうん」「いいですね」
　　c）相手の言葉を復唱する　など

いろいろな場面で使えるとても便利なスキルです。
ぜひ練習して使ってみましょう。

❷ 雑談の仕方の練習

場面の例① あいさつ＋ひと言を付けて

[第2章 第1節あいさつ] (P22) と [あいさつ＋ひと言] (P26)のスキルを雑談にも使ってみましょう。

---

❶あなたが朝出勤し現場主任にあいさつをします。

（A）明るい表情で相手の顔を見て声を掛けます。

> おはようございます。

> おはようございます。

（B）誰とでも気軽に話せる話題の1つを選び、話し掛けてみます。

> 昨日サッカーのワールドカップ観ましたか。
> すごかったですね。

> 良かったね。ゴールを決めたときは感動したよ。

（C）会話が続くスキルを使って話します。

    a）その話題について相手に質問する

    b）相槌を打つ「そうなんですか」「なるほど」「うんうん」「いいですね」

    c）相手の言葉を復唱する

    今回はc）の「相手の言葉を復唱する」スキルを使いました。

> 良かったですよね! 主任も感動しましたか。僕も
> 感動しました。今日の仕事がんばれそうです。

MEMO

❶あなたは休憩時間に同じ部署の先輩に話し掛けてみました。

自分で話題を作らなくても「質問する、会話を続ける」スキルを使えば、いろいろな話ができますよ。

（A）明るい表情で相手の顔を見て声を掛けます。

○○さん。

なんだい？

（B）誰とでも気軽に話せる話題の1つを選び、話し掛けてみます。
（C）会話が続くスキル、ここでは「a）相手に質問するスキル」を使います。

この仕事はどのくらい続けているんですか。（質問する）

う〜ん、もう7年になるかな。

そうなんですか。仕事を長続きさせるコツを
教えてもらえませんか。（質問する）

そうだね。仕事の相談ができる人を持つことと、
趣味で上手く気分転換することかな。

（C）会話が続くスキル、ここでは「b）相槌を打つ」「c）復唱する」を使います。

なるほど、相談できる人と、趣味ですか。
そうですよね、大事ですね。

［プライベートな話題］
（P 73 参照）

（C）会話が続くスキル、「a）質問する」を使います。自分のことも伝えながら。

私は音楽が好きですが、先輩はどんな趣味を持っているのですか。

→会話が続きます

 参加者の感想

人と話すことが苦手でしたが、練習して他の人と休み時間に話すことができるようになりました。自分は話題がないから他の人と話せないと思っていましたが、会話を続けるスキルで話題に入れることが分かり良かったです。

第4節 プライベートな話題（自己開示について）

家族のこと、病気のことなど親しい人や信頼している人にしか話せない内容は、自己開示が高い話題です。

逆に、自己開示が低い話題とは、誰とでも話せる広くて浅いテーマなど、あまり自分の秘密とは関係ないことです。例えばお天気やテレビのニュースなどになります。

自分のことをどこまで話せるかは相手との関係によって変わります。あまり親しくない人に自己開示が高い話をすると、相手の反応によっては自分が傷つく場合もあります。相手や状況に応じて話す内容を選びましょう。

■1 自己開示のレベル

【自己開示が低い話題】誰とでも安心して話せる話題

趣味　天気　スポーツ　テレビ　服装　テレビのニュース　芸能情報　グルメ
旅行　ペット　お店　今の仕事について　など

【話せる相手】　あまり親しくない関係の人

職場の同僚　近隣の人　仕事関係者　親戚　初対面の人など

【自己開示が中程度の話題】仲良くなった人と話せる話題

共通の趣味　仕事の愚痴　職歴　学歴　過去のこと　人間関係
（住所　電話番号　メールアドレス　など）※（　）内の個人情報の扱いは慎重に

【話せる相手】親しい人

職場の親しい同僚や先輩　友人　親戚（親しい）　学生時代の同級生　など

【自己開示が高い話題】信頼できる人にしか話せない話題

悩み　病気　体調　家族構成　恋愛　職歴　秘密　収入　財産　宗教　政治　など

【話せる相手】信頼できる人

家族　信頼できる友人　ソーシャルワーカー　主治医　カウンセラーなど専門家　など

❷自己開示が高い話題の仕方

　自己開示が高い話題は、自分にとってリスクの高い話題です。

　話す相手によっては誤解されたり、理解してもらえずに自分が傷ついたりする可能性のある話題になります。

　自分の味方になってくれる人、口が堅い人、安心・信頼できる人、守秘義務のある専門家などに話しましょう。

> 自己開示の程度はその人によって違います。同じ話題でも、
> 相手によって話せるとき、話さないほうがいいときもあります。

話したくない話題になったときの対応方法

　仕事や雑談、宴会の席などで、自己開示が高く話したくない話題になったときは、次のような方法で対応しましょう。

●その場を離れる

　話をしていても、その場を離れたくなったら「お手洗いに行ってきます」「ちょっとすみません、1本電話したいところがあるので失礼します」「そろそろ仕事の準備をします」「飲み物買ってきます」などと言いながら、その場を離れる練習もしてみましょう。

●かわす

　他の社員の悪口、給料いくらもらってるか、付き合っている人のことなど、話したくない話題になったら、次のような返答例でかわしましょう。

返答例)
「そのことはよく分からないです。すみません」「秘密です」
「内緒です（笑顔で）」「勘弁してくださいよ〜」「え〜…ノーコメントです」
「想像におまかせします」「そういえば○○ですが…」と話題を変える　など

参加者の感想 --------------------------------

> 会話の方法を学び、忘年会に参加できました。嬉しかったことは、もちろん一緒にお酒を交わして楽しく会話できたことですが、家族から「大勢の人がいる中で食事をしたり、お酒を飲んだりすることができずにいたのに、やっと忘年会に参加できるくらい元気になって本当に良かった」と言われたことです。

場面の例①	職場での悩みを相談する

❶仕事の人間関係の悩みを信頼できる同僚に話してみることにしました。

 ちょっと悩んでいることがあって…聴いてもらってもいいかな。

いいよ。何かあったの?

 職場の人間関係のことなんだけど…でも他の人には知られたくないから話すことは秘密にしてほしいんだ。

分かった。誰にも言わないよ。

 ありがとう。実はね…

 ポイント　他の人に知られたくない話は、最初に「他の人には言わないでほしい」と秘密にしてほしいことを伝えて約束してもらうと、相手もその心構えができます。ただし信頼できる人に限ります。

場面の例②	先輩が話す陰口に巻き込まれないようにしたい

❶職場の先輩が、この場にいない社員について悪口を言い始めました。

 ○○さんって、人によって態度は違うし仕事も手を抜いているところがあると思わない?

 そうなんですか。

他の人もそれを見て嫌な気分になっているみたい。

 私にはよく分からないです。そんなふうに感じたことはないですが。

 **ポイント**　**【他者の批判、陰口が話題になったら一切関わらない】**
他者の批判に対しては、「自分には分かりませんが」とどちらの味方にもならない中立的な立場の方が事を荒立てずに済み、あなた自身も、さらにこじれた人間関係に巻き込まれずに距離を取ることができます。

話したくないことを聞かれたら、相手の好きな話題に変えるなどして、かわしましょう。

❶電車に乗ったら、中学時代の友人にばったり会いました。近況を聞かれましたが、今は働いていないことについて言いたくありません。

久しぶりだね! 今何してるの?

 近況はあいまいに答えます。
ほんとに久しぶりだね。
今はまあ、ぼちぼちやってるよ。

 話題をそらします。
そういえば去年、〇〇に会ったよ。
今、将棋にはまってるらしいよ。

へ〜、〇〇が将棋? 今の流行りに乗ってるのかな。

 そうかもね。いい趣味だよね。

参加者の感想 -

 久しぶりに会った友人や知人に対して、近況を聞かれたらどう答えていいか悩んでいましたが、話のかわし方や、相手の好きな話題に変えたら悪い気がしないということが分かり、こういう方法で対応することもできるんだという発見ができて良かったです。

第4章

就職に向けて

働くためには、基礎体力と体調を維持することが欠かせません。すぐ疲れてしまったり、体調の良くないときが続いたりすると、気持ちもつらくなります。仕事にも集中できなくなると気力もなくなってしまいます。体調を整えるためには生活のリズム、睡眠時間の確保がまず大切です。そして無理のない自分に合った働き方を知ること、自分の働き方について主治医や支援機関、家族とコミュニケーションをとることも重要なポイントです。

この章では、次の練習をしてみましょう。

❶自分が働ける条件を知る

❷主治医や支援機関に思いを伝える・相談する

❸就職を心配する家族に自分の思いを伝える

自分が働ける条件を知る

ここからは、就職に向けての準備を練習していきましょう。

仕事は、まず自分に合う職種や、やってみたい仕事、これまでの経験など、いろいろな面から探していきます。しかし、何が自分に合うのかを考えるのは難しいことですね。

その際、仕事を考える手段の１つに「できること」や自分に合う「勤務条件」から探してみることも有用です。仕事は生活の一部であり、自分の望む生活スタイルに無理が出るような働き方は、体調にも影響を及ぼし長続きしないことが多いです。

自分の生活スタイルや体調に合わせて、まず働ける条件について考えてみましょう。

１ 自分の生活と働き方について考えてみましょう

以下の表に、自分に合う条件を書き込んでみましょう。

自分の健康を維持するための生活リズム

時　間	例	あなたの場合（書き込んでみましょう）
就 寝 時 間	22 時くらい	
起 床 時 間	７時〜７時半くらい	
出 勤 時 間	８時半〜９時	
勤 務 時 間	10 時〜 16 時	
勤 務 曜 日	月、火、木、金	
休　　日	週休３日（日曜日は必ず）	
通 院 日	２週間に１回（金）	
ゆっくり過ごしたい時間帯	８時〜９時 18 時〜夜の時間	
生活の中で大事にしたいこと（楽しみなど）	月１回土曜日 ハイキング	

❷自分に合った働き方を考えてみましょう

項　目	例	あなたの場合（書き込んでみましょう）
通勤手段と時間	電車 30 分以内	
勤務時間	10 時〜 16 時	
休憩時間	昼休みと 2 時間に 1 回 5 分休憩	
自分に合っている働く条件とは?	①可能な立ち仕事の時間	
	②座ってする仕事	
	③体を使う作業的な仕事	
	④グループでする仕事	
	⑤ 1 人で担当する仕事	
	⑥毎日の仕事内容が決まっている	
	⑦毎日違う仕事を行う	
	⑧接客応対	
	⑨電話応対	
	⑩パソコンを使用する	
	⑪他の人と頻繁に交流のある仕事	
	⑫ 1 人で黙々と取り組める仕事	
	⑬話し声や機械音のする環境	
	⑭あまり物音のしない静かな環境	
	⑮屋外での仕事	
	⑯屋内での仕事	
	⑰残業について	
	⑱人間関係について	
苦手な仕事内容 (したくないことなど) 働く上で職場に配慮してほしいこと		

第2節 主治医や支援機関に思いを伝える・相談する

働くためには、体調管理がとても大切です。症状や薬など気になるところがある場合は、早めに主治医や支援機関に相談しておきたいものです。伝えたいことや聞きたいことを、あらかじめ考えてメモに箇条書きにしておくと、聞き忘れることがありません。

❶主治医や支援機関に思いを伝える・相談する手順

伝えたいこと、相談したいことなどをあらかじめ考えて、メモに箇条書きにしておきましょう。

働く前に相談したいこと・気になっていることをまとめる（例）

【症状、服薬などで気になっていること】

- ▶ 午前中眠気が残る
- ▶ 服薬量を減らしたい
- ▶ 副作用について
- ▶ 不安や緊張が強いときの頓服薬の使い方
- ▶ 中途覚醒がある
- ▶ 1日の中で気分の波がある
- ▶ 起床時の気分が重くつらい など

【相談したいこと】

- ▶ どのくらいの勤務時間、日数がいいか
- ▶ もう働いても大丈夫か
- ▶ 仕事で体調を崩したときの頓服の使い方
- ▶ 診察日を平日から土曜日に替えたい
- ▶ 昼に職場で服薬したくないので、それを朝か夜と一緒に服薬できないか など

主治医や支援機関に思いを伝える・相談する手順

（A）尋ねたいこと、伝えたいことを紙に箇条書きにしておく
　　最近の体調については数値を入れて紙に書いておく
　　（例：〇月から、1週間前から　など）

（B）診察時、主治医にあいさつした後「ご相談したいことがあるのですが、いいですか？」と伝える

（C）メモした紙を見せながら簡潔に伝える

（D）そのことについて主治医の意見を聞く

（E）分からないところを質問する

（F）自分の思っていることや希望を伝える

（G）最後にお礼を伝える

【相談するときには、伝えたいことなどをメモに書き出して持参するようにしましょう。】

伝えたいことや相談したいこと まとめメモ（例）	
例	伝える項目
どの状態が	
いつから、どのくらい続いているのか（例：○月から、1週間前からなど、数値を入れる）	
どのように変化したのか	
それについて気になっていること、悩んでいること（簡潔に表現）	
以前より良くなっていること	
回復のために今やっていることできるようになったこと	
自分の気持ち、将来への思い「こうなりたい」という希望	
その他（あなたが伝えたいこと）	

❷主治医や支援機関に思いを伝える・相談する練習

場面の例①	いつも体が重く、薬を変えてほしい、あるいは減らしてほしいと思っています。

「主治医や支援機関に思いを伝える・相談する手順」で練習してみましょう。

❶「体調について相談したいのですが」と、体調から薬の話へつなげてみます。

❷（メモを見ながら）最近の体調、日常生活のようすを具体的に伝えます。
「以前は夜中に中途覚醒があったのですが、ここ3カ月はよく眠れるようになりました」
「2カ月前から働く練習をする施設に週4日通い始めたので、生活のリズムもできてきました」

❸気になっている点を具体的に伝える
「眠れるようになったのはいいのですが、朝も薬が残っている感じで頭が『ボー』っとします」
「夜9時半には眠剤を飲んで10時に寝ています。朝は7時に起きますがしんどいです」

❹自分の気持ち、思っていること、希望を伝える
「朝、もう少しすっきり起きられるようになりたいと思っています」
「近い将来働きたいので、それに合わせて体調も整えていきたいと思っています」
「朝なかなか起きられないので、遅刻しないか、無理に起きてふらつかないか心配です」
「薬を調整してもらうことはできますか?」

 参 加 者 の 感 想

主治医に相談するスキルを練習し、主治医に疑問に思っていたことを話すことができて良かったと思います。

病院を替えたいとき

　精神科病院・クリニックへの通院は、長期間にわたります。患者さんは「良くなりたい」「症状がなくなってほしい、軽くなってほしい」「体調が安定してほしい」という願いをもって通っています。しかし、いくら通院しても症状が軽くならない、体調が改善しない場合は病院を替えることも選択肢に入れていいと思います。主治医との相性も治療に影響します。診察時に気遣いすぎて相談できない、意見が言えないなどで、我慢してしまい体調の改善がみられない場合は、遠慮せずに自分に合う別の病院を検討してみましょう。その際には、信頼できる支援者や、通院している仲間に相談しながら探すといいでしょう。あるいは支援者に診察同行を依頼し、説明の手助けをしてもらうことも1つの方法です。

就職を心配する家族に自分の思いを伝える

就職に向けてがんばっている本人に対して、家族もいろいろな思いを持っています。ときにお互いの思いがすれ違い、葛藤を生むこともあるでしょう。

仕事の心配をする家族に、自分の気持ちを伝え、お互い理解し合いながら就職を目指すことができるといいですね。

ここでは、家族に自分の気持ちを伝える方法について練習していきましょう。

■家族に自分の思いを伝える手順

自分の気持ちも相手の気持ちも大事にするコミュニケーション「み・かん・てい・いな」を使って伝えてみましょう。

家族の思いは？

「早く自立して1人で生活できるようになってほしい」「もう1年も福祉事業所に通っているのに、まだ就職できないのか」「経済的なこともあり、早く働けるようになってほしい」。このような家族の気持ちを考えると、つい遠慮して家族に言いたいことを言えず黙ってしまう場合がよくあります。

ここでは、あなたの思いを伝える練習をしてみましょう。

家族に自分の思いを伝える手順

いろいろな場面で使えるとても便利なスキルです。
ぜひ練習して使ってみましょう。

「み・かん・てい・いな」と覚えて使いましょう。

▶ 「み」 ⇒見たことや事実 （相手の話したことや、事実）
▶ 「かん」⇒感じたこと （自分の気持ち、感じたこと）
▶ 「てい」⇒提案 （相手にやり方や考えていることを提案する）
▶ 「いな」⇒可否 （相手に「これでいいかな？」と聞いてみる）

（『さあ！はじめよう うつ病の集団認知行動療法』監修 秋山剛 大野裕より）

❷家族に自分の思いを伝える練習

場面の例① 　**家族の思いをくみ取って、話してみましょう**

❶母親は小さいころから1人でやってきたので、自分にも「早く自立しなさい」と言います。そんな母に自分の思いを伝えます。

▶ 「み」 見たことや事実 （相手の話したことや、事実）

⇒ 「お母さんは私に自立してほしいと思っているんだね」

▶ 「かん」 感じたこと （自分の気持ち、感じたこと）

⇒ 「今、職場実習をしているんだけど、それは実際に働いているくらい大変なんだ」

⇒ 「仕事に必要な人間関係の練習もしていて、そうやって働けるように努力しているから、安心してほしい」

▶ 「てい」 提案 （相手にやり方や考えていることを提案する）

⇒ 「もうしばらく見守ってくれるとありがたいけど」

▶ 「いな」 可否 （相手に「これでいいかな？」と聞いてみる）

⇒ 「いいかな？」

場面の例② 　**親から「まだ働かないのか」ということを言われたとき**

❶親から「福祉事業所を利用して1年経ったのにまだ就職できないの? 家の近くでアルバイトでもしたらどう?」と言われました。親に自分の思いを伝えます。

▶ 「み」 見たことや事実 （相手の話したことや、事実）

⇒ 「1年も施設を利用しているのに就職できるのか心配なんだね」

▶ 「かん」 感じたこと （自分の気持ち、感じたこと）

⇒ 「ようやく体調も落ち着いてきたし、今働くための実習をしていて、スタッフにジョブコーチしてもらいながら少しずつ仕事に慣れるようにがんばっているから」

▶ 「てい」 提案 （相手にやり方や考えていることを提案する）

⇒ 「もう少しで就職活動できると思うから待っていてほしい」

▶ 「いな」 可否 （相手に「これでいいかな？」と聞いてみる）

⇒ 「それでどうかな？」

参加者の感想 ------------------------------

今、悩んでいる家族の問題について、気持ちを伝える方法を整理して考えて、話す練習ができて良かったです。

場面の例③	配偶者から「早く働いてほしい」と言われたとき

❶あるとき妻から「経済的にも大変なので、早く働けるようになってほしい」と言われました。妻に自分の思いを伝えます。

▶「み」　見たことや事実　（相手の話したことや、事実）
　⇒「早く働いてほしいと思っているんだね」

▶「かん」感じたこと　（自分の気持ち、感じたこと）
　⇒「僕も早く働きたいと思っているよ。ただ前みたいに無理して働いて体調が崩れるようなことになりたくないんだよ」
　⇒「体調や自分に合った働き方について、主治医や施設のスタッフと相談しながらがんばっているから、もう少ししたら働けるようになると思う」

▶「てい」　提案　（相手にやり方や考えていることを提案する）
　⇒「自分も節約するから、もう少し辛抱してくれると助かる」

▶「いな」　可否　（相手に「これでいいかな？」と訊いてみる）
　⇒「いいかな？」

思いを書いた練習内容のメモをそのまま兄に手渡した男性

再就職に向けてコミュニケーションの練習をしていたAさんの話です。
兄から「まだ働かないのか」と何度も言われ、「悔しくて何も言えずに手が出そうになった」そうです。
そこで、「家族へ自分の思いを伝える仕方」で、自分の言いたいことを何度も練習し、忘れないように、練習した内容を紙に書いておきました。
１週間後、Aさんはニコニコ顔で報告してくれたのです。
「僕、兄に言うことができました！」と。
「どんなふうにお伝えしたのですか？」と聞くと、「これが僕の思いだよ」と、練習した紙をそのまま見せたそうです。
お兄さんは、その紙をじっと見て「分かった」と。あとはもう何も言われなくなったそうです。
そういう伝え方もあるんだなぁ、と感心したことを思い出します。

就職面接の練習（実際の面接場面を想定して）

- -

就職面接は、誰もが最も緊張する場面の1つだと思います。

練習をするときは、実際の面接場面のようにテーブルやいすを用意して進めてみましょう。【面接担当者役】と、【面接を受ける側】に自分自身が実際になってみて練習します。→「面接の練習」P91参照

❶　　❷❽　　　❸　　　❹❼　　　❺❻

【ドアをノックして面接の部屋に入る場合】

❶ノックをした後、面接担当者の「どうぞ」を待ちドアを開けます。

❷ドアを開けて「失礼いたします」と明るく面接担当者を見て笑顔であいさつします。

❸ドアを閉め、いすの近くへ歩きます。

❹いすの近くに立ち「○○と申します。よろしくお願いいたします」とハキハキと笑顔であいさつします。

❺面接担当者が「どうぞお座りください」と言ったら「失礼いたします」と軽く会釈して座ります。背筋を伸ばし背もたれにはもたれないで、手は膝の上におきます。

❻面接担当者の質問に答えます。

❼退室するときには立ち上がり、「本日はお忙しいところお時間をとっていただきありがとうございました。失礼いたします」とあいさつします。

❽ドアを開けて退室します。退室する際に面接担当者に「ありがとうございました」とお礼を言いながら一礼します。

練習が終わったら

【良かったところ】を互いに伝えます。1人で練習しているときは、「良かった」「できていた」と感じたところをメモに書き出してみましょう。

参加者の感想 -

初めて練習したときは緊張しましたが、「勇気を出してやってみよう」と実際にやってみました。意外にもできてそれをほめてもらったので、就職面接に行く自信につながりました。
人前で話すことが苦手でしたが練習で良かったところをほめてもらうと徐々に自信へと変わっていきました。

第5章

就職活動

この章では、次の4つのプロセスで就職に向けて練習していきます。

❶ハローワークで相談する

（希望する仕事内容や勤務条件、質問したいことをメモしておくと便利）

❷就職面接の準備と練習

（身だしなみや姿勢、表情、面接練習など）

❸就職面接でよくある質問

（必ず質問される項目があるので、事前準備すると慌てない）

❹障がい者求人枠での就職を考えている人へ

面接における質問とその答え方

（病気の状況に関しての質問があるので、分かりやすく答える内容を考えておく）

第1節 ハローワークで相談する

ハローワークでは、仕事に関しての情報、相談、そして求職登録や仕事を紹介してくれます。

ですからハローワークでは相談に来る人が、どのように働けるのか、どの仕事が合っているのかを見ています。

❶ハローワークに行くときの準備

ハローワークに行くとき、情報収集で求人検索だけに行く場合や、実際に求人票をもとに相談する場合、求職登録をする場合といろいろな状況があります。

ハローワークでは、あなたがどのような人なのかを見ながら就職先を考えてくれます。

あなたの良いところを見てもらえるように、以下の項目を準備していきましょう。

ハローワークに行くときの準備

▶社会人マナーで
（清潔感のある身だしなみ、あいさつ、お辞儀など礼儀正しい対応、敬語を使う）

▶自分が相談したい内容を考えておく
（仕事への意欲、希望職種、希望する勤務条件、仕事に関する質問内容）

▶障がいやメンタル不調のある人は自分の状況について伝える
（希望する勤務条件、体調、通院状況、主治医の意見など）

 MEMO

❷ハローワークでの相談の手順

❶求人票の検索に行く

1．ハローワークに行ったら「おはようございます」とあいさつします。
2．窓口職員に「求人検索に来ました」と一声掛けます。
3．加えて「もし良い求人が見つかったら、後から相談をお願いします」と、声を掛けると相談もスムーズにいきます。

❷求職登録に行く

1．窓口の職員にあいさつをします。「こんにちは」
2．用件を伝えます。「求職登録をしたいのですが」
3．窓口の職員が対応したら「よろしくお願いいたします」

※障がいのある人には専用の『専門援助部門の窓口』があります。

　専門の相談員が丁寧に説明してくれます。配慮しながら一緒に考えてくれますのでぜひ相談してください。

　専門援助部門で求職登録をする場合、障がい者手帳のコピーを提出したり、ハローワーク所定の様式で主治医の意見書の提出を依頼されたりします。

【ハローワークでの相談ポイント】

ハローワークの窓口の職員もあなたがどのような人なのかを見ています。

第1面接のつもりで相談しましょう。

労働機関として、就職や雇用について現実的な意見を持っています。

単に「仕事を探してください」ではなく、自分の今の状況やできる力、働く上で配慮してほしい点などを分かりやすく伝えられると相手も理解しやすいです。

また、支援者が同行する場合、支援者も身だしなみに注意しましょう。

面接では、第1印象を良くすると、担当者から最初に好感をもってもらえます。
ぜひ、評価が上がる第1印象で臨みましょう。

1 身だしなみを整え、第1印象を良くする

【持ち物】
履歴書、紹介状、受ける会社の連絡先と地図、財布、時計、携帯電話、筆記用具、印鑑、
ハンカチ、ティッシュ、その他、訪問先に指定されたものなど

②相手に良い印象を与える態度、姿勢

身だしなみは整いましたか？では次のポイントです。

相手に良い印象を与える態度、姿勢

- ▶視線を合わせる（面接担当者の顔を見る）
- ▶はっきり大きな声で話す
- ▶明るい表情で
- ▶背筋を伸ばし、姿勢よく（あごを引く）
- ▶静かに、落ち着いた動作で

③実際の場面を作って面接練習をしてみましょう

就職面接では、面接室に入ることもあれば、お店やロビーの一角で行うときもあります。状況に合わせながら練習してみましょう。

面接の練習例

❶会社には約束時間の10分前に着くようにします。

❷受付で用件（面接の旨）を伝えます。

❸面接用の部屋に案内され、いすに座って待っているところに、面接担当者がやってきます。

❹面接担当者が来たら、立ち上がってあいさつします。

　例）「本日面接をお願いしておりました○○○○と申します。どうぞよろしくお願いいたします」

❺面接担当者が「どうぞお座りください」と言ったら「失礼いたします」と言い、座ります。

❻面接担当者が事前に郵送した履歴書と職務経歴書を見ながら質問しますので、それに答えます。

❼退室するときには立ち上がり、「本日はお忙しいところお時間をとっていただきありがとうございました。失礼いたします」とあいさつします。

ポイント

【実際にテーブルやいすで面接場面を用意して練習しよう】

＜面接担当者役＞と、＜面接を受ける側＞に自分で実際になってみて練習します。あいさつや敬語の使い方は声に出して何度も言ってみることが大切です。練習しておくと本番でもスムーズに言葉が出てきます。

就職面接でよくある質問

就職面接では、必ず聞かれる質問がありますので、その内容について事前に考えておくと、スムーズに答えることができます。また、質問には応募している仕事に結びつけて答えることがコツです。

◼️1 質問に答えるときのポイント

職業により、求められる人材は違います。各職種で、どのような力が求められているのかを考え、それに合った内容を話せるようにしましょう。

一般的な面接でよくある質問

- ▶志望動機（なぜこの求人に応募しようと考えたのか）
- ▶職務経歴（今までの仕事の経験）
- ▶自己紹介（性格、長所短所、自己PR、休日の過ごし方、趣味、体調管理について　など）
- ▶その他（仕事への心構え、座右の銘、人生で1番嬉しかったこと　など）

質問に答えるときの準備（各業務で求められる力）

- ▶事務職⇒几帳面さ、正確さ、パソコンスキル、電話対応力　など
- ▶製造業⇒体力、集中力、手先の器用さ、経験　など
- ▶販売業⇒社交性、礼儀正しさ、臨機応変さ　など

ポイント 応募する会社のホームページは必ず見て、会社の理念や仕事内容について理解しておきましょう。

MEMO

❷質問の答え方の練習

志望動機の答え方（例）

▶過去の経験が仕事に活かせる（経験をアピール）

▶経験はないが、学びながらスキルアップしたい（意欲をアピール）

▶社の製品を日頃よく使っており、親しみがある（会社のファンであることをアピール）

▶コツコツと粘り強く取り組む性格なので、この仕事に向いている
（自分の性格と仕事が合っていることを結びつけてアピール）

▶家から近い（交通費に上限がある場合は、近いことも有利になる）　など

 **ポイント**　特に「ぜひ働きたい」という意欲をアピールすることがポイントです。

長所の答え方（例）

▶まじめな性格です。

▶仕事は間違えないよう丁寧に取り組みます。

▶几帳面でこつこつと取り組みます。

▶物静かで穏やかな性格です。

▶前向きなところです。

▶何事にも一生懸命に取り組むところです。

▶いろいろなことに興味を持ち、学ぼうとするところです。　　など

短所の言い方（例）　「○○（短所）ですが、●●です」

▶仕事を覚えることに時間がかかりますが、丁寧に仕事をします。

▶仕事に慣れるまで時間がかかりますが、一生懸命やります。

▶人見知りをするところがありますが、慣れれば大丈夫です。

▶緊張しやすいところがありますが、慣れれば大丈夫です。

▶少し疲れやすいのですが、時間がたてば慣れると思います。

▶口数が少ないところがありますが、仕事は黙々とします。

▶気が付かないところがあるかもしれませんが、すぐ注意していただければ改めます。

 **ポイント**　短所を言った後に「○○ですが、〜と気を付けています」と短所の
内容をフォローする言い方をすると悪い印象にはなりません。

第4節 障がい者求人枠で就職を考えている人へ 面接における質問とその答え方

ここでは障がい者求人枠の場合の面接における質問とその答え方を練習します。
障がい者求人枠での就職面接では、病気の状況に関する質問があります。
事前に考えてノートに書き出してみましょう。

◼1障がいについて説明するときの手順

　人は誰でも人生の中で、何らかの病気にかかったり、病気やけがによって障がいをもつ可能性があります。精神疾患は誰もがかかる可能性のある、ありふれた慢性疾患で、症状の後遺症が障がいとなります。⇒[自分らしく生活したり働いたりすることができます]（P96）
　支援を受けて再就職した先輩達も「障がいをもっているからといって、何も引け目に考えなくてもよい」と皆さんにエールを送っています。⇒[SST や支援を受け現在働いている人に聞きました❷]（P49）準備して面接に臨みましょう。

面接でよくある質問

P92 の「一般的な面接でよくある質問」に加えて下記の質問に準備しておきましょう。
▶あなたの障がいの状況について教えてもらえますか
▶調子が悪くなるとどのような症状が出ますか
▶通院はしていますか
▶会社はあなたにどのような配慮をしたらいいですか

障がいの状況について説明するときの手順

> （A）悪いときの症状はごく簡単に説明する
> 　　※会社は「今どのように働けるか」に関心を持っている
> （B）今は回復して働けるようになっていることを強調する
> （C）主治医の意見も伝える
> 　　※専門家の意見に相手も安心する
> （D）医学用語ではなく日常の言葉で説明すると相手に伝わりやすい
> 　　例）「中途覚醒」してしまうときがあります
> 　　　　⇒夜中に目が覚めてしまうときがあります
> （E）気になるときの自己対処法を伝えると、相手も安心する

2 例)精神障がいについての説明練習〜具体的な言葉で練習してみましょう〜

場面の例① あなたの障がいの状況について教えていただけますか

（A）前職では残業続きで疲労がたまり、仕事にも神経質になり、眠れない日が続きました。その後病気になり、前職を辞めしばらく休養していました。
（B）その後就労訓練を受けて、働けるくらいまで回復しました。
（C）主治医も大丈夫だと言ってくれています。
（D）症状は疲れやすさや、新しい状況に緊張しやすいところです。
（E）慣れてくれば大丈夫ですので、少し長い目で見ていただけると、大変ありがたいです。

場面の例② 調子が悪くなるとどのような症状が出ますか

　眠れなくなったり、少しストレスに敏感になったりしますが、そうならないよう、日頃から気を付けたいと思います。また、疲れたら早く寝ることや、気になることがあったら上司や主治医にすぐ相談して対処できるようにしたいと思っています。

場面の例③ 通院はしていますか

　2週間に1回通院しています。今は体調も安定していますが、気になることがあればすぐ主治医に相談するようにしています。

場面の例④ 会社はあなたにどのような配慮をすればいいですか

●最初は緊張してうまくできないことがあるかもしれませんが、慣れれば大丈夫ですので、よろしくお願いいたします。
●1度にたくさんの指示をいただくと、緊張してよく分からなくなってしまうので、1つずつ説明していただけると大丈夫です。
●対人関係で緊張しやすいので、始めは上手く話せないかもしれませんが、慣れれば大丈夫です。
●最初は1日5時間くらいからお願いできますでしょうか。
●通院日はお休みをいただきたいと思っています。

自分らしく生活したり働いたりすることができます

病気や障がいを理解するために

　人は誰でも人生の中で、何らかの病気にかかったり、病気やけがによって障がいをもつ可能性があります。

　自分自身にとって初めての体験です。これからどうなるのか不安や恐れを感じます。しかし、それらをよく知り、上手な付き合い方を知れば、健康な力を伸ばし、自分らしく生活したり働いたりすることができます。

　生活を工夫したり、リハビリを行うことによって、自己治癒力が高まり、回復を促し、改善されていきます。

　「働くことは最大のリハビリテーション」と言われています。

精神疾患・精神障がいとは

　多くはストレスに関連した脳内神経伝達物質の乱れや、脳機能の働きの低下が関係していると考えられています。もともとある生物的な素因に、環境の影響やストレスなどさまざまな要因が関与して、病気になると考えられています。

＊誰もがかかる可能性のある、ありふれた疾患です。

＊他の病気と同様、慢性疾患です。症状の後遺症が障がいとなります。

＊他の慢性疾患同様、症状が出ないように通院や服薬をしながら体調管理をする必要があります。

＊障がいがあってもその特性を理解し、生活の工夫や対処を身に付けることができれば、自分らしく生活し、働くことができます。

発達障がいとは

　発達障がいは、脳機能の発達に特徴があります。得意、不得意の差が大きく出たり、五感の敏感さや鈍感さ、他人とのコミュニケーションが苦手など、成長するにつれ、自分自身のもつ苦手な部分に気付き、生きづらさを感じる場面が多く出てきます。

　発達障がいは、それらの生きづらさが固定してしまうわけではありません。周囲（家族、学校、職場、支援機関など）の人からの理解や支え、経験を積むこと、自分自身で生活を工夫することによって、生きづらさの軽減、障がいも改善することができます。また得意な分野を活かし、仕事で活躍する人もたくさんいます。

職場で役立つ
コミュニケーション練習（応用編）

ここでは、第2章で練習したコミュニケーションの応用編を練習します。

コミュニケーションで悩んだときのヒントになること間違いなしです。

❶初めての職場で自己紹介（実習や就職にて）

❷仕事での指示がうまく聞き取れないとき、理解できないとき

❸報告や質問をしたいが声を掛けづらいとき

❹仕事で注意されたことへのいろいろな対処方法

❺職場での雑談で困ったとき

第1節 初めての職場で自己紹介（実習や就職にて）

初めての職場では、必ず自己紹介をする場面があります。職場という組織の一員として、あなたのことを社員に知ってもらえるようにあいさつをしましょう。名前だけではなく、自分を知ってもらえるひと言や、意欲を伝えられると好印象です。

1 職場での自己紹介の手順

少し緊張するかもしれませんが、明るくはっきりとした声であいさつを。

職場での自己紹介のポイント

- ▶社員たち皆の顔を見る　▶姿勢よく　▶大きくはっきりとした声で
- ▶明るい表情　▶丁寧なお辞儀（普通礼 30 度くらいの角度）

職場での自己紹介の手順

- （A）まず自分の名前を言う
- （B）実習させてもらうことや就職できたことへのお礼を言う
- （C）今の自分の気持ちを伝える
- （D）仕事への意欲を伝える
- （E）「よろしくお願いいたします」のあいさつを伝える

MEMO

❷職場での自己紹介の練習

場面の例① 　職場での自己紹介

❶あなたは、初出社の職場で自己紹介することになりました。

自己紹介の仕方の手順に沿って練習をしてみましょう。

（A）「はじめまして○○○○（フルネームで）と申します」（お辞儀）

（B）「この度就職（実習）させていただき、ありがとうございます」

（C）「大変嬉しい気持ちと同時に、少し緊張しています」

（D）「まだ分からないことばかりで皆さんにはご迷惑をお掛けいたしますが、

　　　早く仕事を覚え、職場の戦力になるよう一生懸命努力したいと思っています」

（E）「どうぞご指導いただきますよう、よろしくお願いいたします」（お辞儀）

ポイント　【自己紹介は簡潔に】

30秒くらいで内容を伝えられるようにしましょう。

あまり長々と話さないようにしましょう。

緊張するので短いあいさつにしたいと思っている人は、

次の組み合わせで大丈夫です。

練習してみましょう。

　　自分の名前（A）

　　仕事への意欲（D）

　　「よろしくお願いします」のあいさつ（E）

参 加 者 の 感 想

練習は緊張しますが、実際に自分で声を出してやってみたので
ためになりました。
今まで自己紹介といっても何を言っていいのか分かりませんでし
たが、コツが分かって良かったです。

第**6**章

職場で役立つコミュニケーション練習（応用編）

第2節　仕事での指示がうまく聞き取れないとき、理解できないとき

仕事の指示が1度で聞き取れない、あるいは理解できずに何度も聞き返してしまうと、怒られるのではないか、失礼ではないか、相手に嫌な思いをさせてしまうのではないかと、いろいろ心配になってしまいます。しかし、そのままにしておくと、仕事内容が最後まで確認できずに失敗したり、間違えたりしてしまい、余計うまくいかなくなることになります。自分も相手も「仕事を遂行する」ために働き、コミュニケーションをとっていますので、あまり考えすぎずに、「なぜ聞こえなかったか、理解できなかったのか」を簡潔に伝え、指示を正確に受けられるようにしましょう。

1 相手の指示が聞き取れないときの対応練習

なぜ聞こえなかったのかを伝え、指示を再度受けましょう。

確認のために聞き直すときのポイント

▶相手の方を向き、真剣な表情で質問する
▶聞いた内容を復唱する⇒相手も「正確に聞いてくれた」と安心する

場面の例① 　相手の声が小さくて聞き取れないとき

❶「すみません、雑音がうるさくてよく聞こえませんでした」
❷「もう1回言っていただけますか?」
❸「〜ということですね」（内容を復唱する）

【身ぶり手ぶりも付けて伝えよう】
相手に大きな声で話してもらえるように、体を近づける、耳に手を当てる、相手の目を真剣に見るなど身振り手振りを付けて伝えてみましょう。

場面の例② 指示の内容が理解できず、もう1度確認したいとき

シュリンクしてある 30 箱分の発送準備をお願いします。

何が分からないのかを具体的に質問します。

シュリンクしてあるとはどのような意味ですか？

薄いビニールで密封することです。
シュリンクし終わっている箱をお願いします。

ビニールで密封しているあの箱のことですね（復唱）。分かりました。

ポイント
「分からないのですが」と伝えるだけだと、全部分からないのかと思われるので分からない部分だけ聞きます。例では「シュリンク」という言葉が分からないので確認しました。

場面の例③ 指示の内容があいまいな表現だったとき

「あれ」「これ」「あっち」「適当に」「大体でいいから」は分かりにくい指示です。
具体的に何を指しているのか分かるよう質問しましょう。

この資料、適当に片付けておいてくれますか。

何の資料を指しているのか確認します。

この2種類の資料のことですか。

方法を確認します。

ファイルしておけばいいですか？ それとも
処分していいということでしょうか？

ポイント
【1つ1つ正確な意味を確認しよう】
思い込みで作業してしまうと相手の期待していることと違い、後で
「こうしてほしかった」などと言われる場合もあります。

第**6**章

職場で役立つコミュニケーション練習（応用編）

101

第3節　報告や質問をしたいが、声を掛けづらいとき

すぐ仕事の報告をしなければならない、あるいは分からないところを質問して、すぐ仕事を進めなければならないときがあります。しかしちょうどそのとき、タイミング悪く上司が忙しそうだったり、来客中だったりすると、声を掛けそびれてそのままにしてしまい、仕事に支障をきたしてしまうことがあります。

仕事のことであれば上司も承知の上ですので、状況に合わせた声の掛け方を練習してみましょう。

■声を掛けづらいときに報告や質問をする練習

声を掛けづらい雰囲気のときは、「クッション言葉」を使って用件を切り出しましょう。
⇒ [ちょっとしたことでうまくいく「クッション言葉」]（P27）

便利な「クッション言葉」を使って

- ▶「お忙しいところすみませんが…」
- ▶「すみません、○○主任、今少しだけよろしいでしょうか」
- ▶「立て込んでいるところ、恐れ入りますが…」

場面の例① 　上司がとても忙しそうにしているとき

❶声を掛けるときに、便利な「クッション言葉」を用件を切り出す前に使う
❷用件を伝える
❸必要な時間を示して伝える
→相手もめどがつき、すぐ答えてくれる

　例）❶お忙しいところすみません（クッション言葉）
　　　❷分からないことがあるので（用件を言う）
　　　❸5分だけお時間よろしいでしょうか（必要な時間を示して伝える）

場面の例② 　上司は来客中だが、すぐ確認したいことがある場合

❶とにかく低姿勢で丁寧に、今すぐ確認する必要性を伝えます。

（低姿勢で上司のところに行き）

「お話し中、大変申し訳ありません、○○主任、確認したいことがありまして、すぐ終わりますので少しだけよろしいでしょうか」

❷（お客様に対してもひと言を）

「申し訳ありません」「大変失礼いたしました」

▶相手の方を向き、真剣な表情で質問します。
▶確認する内容は、お客様の聞こえないところで伝えます。

場面の例③ 　上司がなぜか不機嫌になっているとき

　上司が不機嫌な態度を示していると、声を掛けることが怖くなってしまうことがあります。心の中で「ビジネス、ビジネス」「給料のうち」「一瞬で終わる」と唱えながら勇気を出して、なるべく事務的に伝えてみましょう。

❶普通の態度で接します。

❷「報告したいことがあるのですが、今よろしいでしょうか」という質問に、「クッション言葉」をつけながら聞いてみます。

（例）「お疲れのところすみませんが」＋・・・・・

（例）「大変そうなところ、申し訳ありませんが」＋・・・・・・

用件が済んだら、その場を離れましょう。また、あまり上司のことは気にせず、自分自身もうまく気分転換できるようにしましょう。

第6章 職場で役立つコミュニケーション練習（応用編）

仕事で注意されたことへのいろいろな対処方法

仕事のことで注意されたとき、自分でも納得し理解できることであれば、すぐ注意点を取り入れて改善することができます。しかし、別の人のことで注意されたり、2人の上司から別々の指示を出されたりすると、どうしていいか分からなくなってしまいます。

そんなときは、言われた内容や事実を再度確認し、疑問を解消してから仕事に取りかかりましょう。

１自分はしていないのに、他人がしたことで注意されたときの対応練習

他の人の失敗なのに、自分がやったかのように注意されてしまった。職場では、このようなこともあります。対処するコツを練習してみましょう。

対処方法

あなたが思っていることを伝えるのではなく、事実を確認して伝えてみましょう

この場合は、そのまま指摘すると、自分が言い訳していると思われたり、失敗した人を責めることになったりします。

このときの対応方法は、あなたが思っていることをそのまま伝えるのではなく、事実を確認して伝えることです。練習してみましょう。

参加者の感想

こういうとき今まで確認したりできずに、言われたら仕方ないと黙っていることが多かったです。練習して確認の方法が分かったので、この方法でやってみたいと思います。

冷静に、事実を確認して伝えることを心掛けましょう。

❶商品の納品数が間違って記載されており、他の人が記入したことを自分がやったことのように言われ、注意されてしまいました。あなたは、自分の間違いではないことを伝えます。

これ納品数が違うよ、困るじゃないか!

相手の話を聞き、まず事実を確認します。

 納品数が違うのですか。ちょっと納品書を見せていただけますか。

間違えている内容を周囲の人に尋ねたり、商品数を調べたりして、客観的事実を確認します。

 すみません。もう１度すぐ調べてきますので、少しお時間いただいてよろしいですか?

自分ではなく○○さんが担当したという客観的事実を伝え、自分も一緒に対応する姿勢を見せます。

 お待たせしました。納品について確認しましたら、○○さんが担当されたようですが、一緒にすぐ確認して訂正し、相手の会社に連絡いたします。

 **ポイント** 職場があなたに求めているのは、事実を確認して正確な仕事を行うことです。

❷2人の上司から異なる指示があったときの対応練習

　2人の上司から、同じ仕事に対してそれぞれ違う方法でするよう指示されてしまいました。職場ではよくあります。あなたは、どちらの指示を優先したらいいのか分かりません。

　このようなときの対処方法を練習してみましょう。

対処方法

事実を伝えて相談しましょう

　ここでは、どちらの指示を優先しても、別の上司から叱られるのではないか、という不安を抱いてしまいます。

　ここでも事実をそのまま伝えてみましょう。相手も状況を理解してくれます。

場面の例①　**具体的に報告する**

❶主任から「商品カタログはショーケースの上に並べて置いて」と言われたのでその通り並べていたら、通りかかった係長に「そのカタログはディスプレイラックに立て掛けて」と指示されました。

相手に事実を伝え、どうしたらいいか相談します。

係長、すみませんが、主任からショーケースの上に並べてくださいと言われて置いていたのですが、どうしたらよろしいでしょうか。

そうか、ショーケースの上には商品の見本を置きたいと思ったんだけど…じゃあ後で主任に話しておくから、ディスプレイラックに置いてくれる？

分かりました。私からも主任に説明しておきます。

事情を確認した上で指示を受け、経緯を後で主任に報告しておきます。

職場での雑談で困ったとき

職場の人たちとちょっとした会話が楽しめると、人間関係の潤滑油となり、周囲の人に親しみを感じ、仕事も楽しくなります。ただ、会話があまり話したくない話題になったり、その場から離れたいと思ったりするときもよくあります。その場を上手に乗り切るコツがいくつかありますので練習してみましょう。

❶困ったことと、その対処方法

場面の例① プライベートについて根掘り葉掘り聞かれたとき

> ❶あまり親しくない職場の人に突然、個人的なことを聞かれ「言いたくないのにどうしよう」と困ってしまいました。

[第3章第4節 プライベートな話題（自己開示について）]（P73）も参考にしてください。

　個人的なことを聞かれても、答えたくないものです。
　「つきあっている人はいるの？」「誰と住んでいるの？」「家族は？」「貯金いくらあるの？」「お父さんは何してるの？」「どこの学校を出たの？」「結婚してるの？」「どの政党を支持してるの？」「昔していた仕事は？」「収入はどれくらいあるの？」…

　これらの質問に答えなければならないことはありません。
　自分の情報は自分のものです。話したいこと、話したくないことは自分で決めていいのです。

　ただその質問に対して「言いたくありません」と伝えてしまうと、相手は拒絶されたと思い、その後の人間関係が悪くならないか心配になりますね。
　どのように答えたらいいのでしょうか。

> 次ページに、相手を嫌な気持ちにさせないような答え方のいろいろな対処法を挙げました。参考にしてください。

みんなで考えたいろいろな対処法

先輩社員	あなた
やんわりと拒否	
「実際のところ〇〇さんってお給料いくらもらってるの？」	「スズメの涙ほどですよ〜」 「恥ずかしくて言えません。勘弁してください〜」
同じ質問を相手にする	
「ねえ、〇〇さんって付き合っている人いるの？」	「先輩はいるんですか？先輩はモテそうだな〜。モテる秘訣を教えてください」
「実際のところ、〇〇さんってお給料いくらもらってるの？」	「〇〇さんはどのくらい稼いでいるんですか？目標にしたいので教えてください」
話題をそらす	
「ねえ、〇〇さんって付き合っている人いるの？」	「つきあっているっていえば…芸能人の〇〇、ついに結婚するそうですね」
「実際のところ、〇〇さんってお給料いくらもらってるの？」	「お給料…どうしたら増えますかね。先輩は宝くじ買ったことありますか？」
ようすを見てその場から離れる	
答えたくないような話題を振られた （振られそうな雰囲気になった）	「すみません、ちょっとお手洗いに行ってきます」 「あ、スマホ鳴ってるので…すみませんがとらせてください」 「仕事の準備してきます」 「片付けてきます」 「歯磨きしてきます」

> あなたなりの対処法をいくつか持っておくと、雑談も上手くこなせるようになりますよ。

場面の例②	上司からよく冗談を言われるが、うまく返せない

❶Aさんの上司はよく冗談を言います。今日も出勤したAさんを見て「お！おしゃれな服着て…今日はデートか？」と言われました。

いろいろな対処法

▶ 「まいったな～、勘弁してくださいよ～」と頭をかく
▶ 「上司のセンスには負けますよ」
▶ 「デートだったら嬉しいですけどね～…」
▶ 「え～、いつもおしゃれしているつもりなんですけど」
▶ にっこり笑って「ご想像におまかせします」

場面の例③	社員同士の派閥争い

❶社員同士の派閥があるようで、ある人の悪口を聞かされてしまいました。

　職場の中にはさまざまな人間関係があります。よく分からないときには、あくまでも中立的立場をとると、ストレスになりません。

　休憩室に入ると何人かの社員がある人の悪口を話していました。
　近くのいすに座ると「ねえねえ、○○さんのことどう思う？あの人全然仕事してないように見えない？」と言われました。

いろいろな対処法

▶ 「いや～、私はあまり話もしないですし、う～ん、よく分からないですね…」
▶ 「そうなんですか、自分のことで精いっぱいで他人のことはよく分からないです」

【中立な立場を取る】
先輩の話に合わせて「そうですね」などと言ってしまうと、後から「Aさんもそうだって言っていました」と他人の耳にも入ってしまい、気まずい思いをすることもあります。あくまでも中立な立場をとっておきましょう。後で悩まずにすみます。

　　自分の全く知らない話題になったときどうする？

❶昼休み、数人で同じテーブルに座り昼食をとっていたら、登山の話になりました。
　Aさんはほとんどしたことがありませんが、これまで練習してきたコミュニケーションのスキルを使って、話題に参加することにしました。

いろいろな対処法（これまでの練習を使って）

スキル	会話例	説明ページ
相槌を打つ	「へえ〜」 「そうなんですね」 「いいですね」 「なるほど」 「うんうん」	第3章 第3節休憩時間や宴会などでの雑談 「雑談の仕方の手順」（P70）
感じたことを伝える	「それは健康的ですね」 「気持ちよさそうですね」	第4章 第3節就職を心配する家族に自分の思いを伝える 「家族に自分の思いを伝える手順」（P83）
感心する	「すごいですね〜」 「自分ではできそうにないな〜」 「体力ありますね〜」	第3章 第1節相手の良いところ、できているところを伝える 「良いところ、できているところの伝え方」（P64）
質問する	「どこがお勧めですか？」 「そんなときはどうするんですか？」 「登山の醍醐味はなんですか？」	第2章 第6節質問する 「質問の仕方の手順」（P42）

ポイント　これまでに練習してきたなかで、これは使いやすいなあと感じる
スキルをいろいろな場面で試してみましょう。

第7章

上手な気分転換、仕事のストレス解消法

第7章では、働いた経験のある参加者の皆さんが、お互いに悩みを共有しながら、みんなで仕事のストレス解消法のアイデアを出し合いました。
ぜひ参考にしてください。

[登場人物]

Aさん「仕事をしすぎてがんばりすぎて疲れてしまう」

Bさん「職場に苦手な人がいる」

Cさん「仕事をしていると自分に不甲斐なさを感じる」

Dさん「うまく睡眠が取れないことがある」

みんなで考えた「上手な気分転換、ストレス解消法」

❶対処法を一緒に考えてみましょう

悩みがあると自分の気持ちでいっぱいになってしまい、なにもかもだめだと悲観的になってしまう場合があります。そうではなくて、別の見方で物事を考えてみましょう。

例えば「あんな失敗して、自分はもうだめだ」ではなく、「あの失敗で別のやり方を学ぶことができた」というように。認知（ものの見方や考え方）を修正し、気持ちにゆとりができるように工夫してみましょう。

ここからは、あなたも参加しているような感じで、一緒に対処法を考えてみてください。

ここで紹介する例は、「こんなときどうしたらいいの?」と実際に出た質問と、それに対してSST参加者から出たさまざまな提案です。自分に合ったものを取り入れてみてください。

Aさん「仕事をしすぎてがんばりすぎて疲れてしまう」

Bさん「職場に苦手な人がいる」

Cさん「仕事をしていると自分に不甲斐なさを感じる」

Dさん「うまく睡眠が取れないことがある」

【Aさんからの質問です】
「仕事をしすぎてしまい、がんばりすぎて疲れるのですがどうしたらいい?」

【対処法案1】休憩を入れながらペース配分を

Bさん　「100%の力で働こうとすると疲れすぎるから意識して70〜80%くらいの力でペース配分したらいいのでは?」

Aさん　「70〜80%ってどうやってしたらいいの?」

Cさん　「仕事の合間にリフレッシュタイム（5分ほどトイレ、飲み物休憩）を入れると一息つけるよ」

【対処法案2】業務を紙に書き出してみる

Cさん　「業務日報をつけて自分の仕事を客観的に見ると、どこに力が入りすぎているか分かるよ」

Dさん　「自分の仕事（時間、業務内容など）を紙に書き出してみると、全体が見えて分かりやすいよ」

【対処法案３】 仕事の優先順位を決める

Ｂさん 「今日１日どうしてもしなければならない業務を３つ挙げ、まずそれをすると
決めて行うといいと思います」

Ｃさん 「そうすると、あれもこれも、と慌ててしまわなくて効率よく取り組めるね」

【対処法案４】 優先順位を決める方法

Ｂさん 「仕事の優先順位をつけて整理するといいかもしれませんね」

Ａさん 「どうやって整理したらいいと思いますか」

Ｄさん 「今日する仕事を紙に（パソコンでも OK）書き出すと何をすればいいか分かる
ので、そこに順位を付けて取り組んでいくと分かりやすいよ」

【対処法案５】 休日はゆっくり休む

Ｂさん 「それから休日は仕事のことを忘れてゆっくり休むことが大事ですね」

Ｃさん 「気分転換できる方法を書き出したり、他の人に聞いたりして、それを休日にやっ
てみよう」

【対処法案６】 自分だけで抱えこまない

Ｂさん 「仕事は、自分だけで何とかやらなくては、と思いすぎないことですね」

Ｃさん 「分からないことは１人で調べるのではなく、誰かに聞くとすぐ分かることも
多いよ」

Ｄさん 「そうだね。仕事が時間に間に合いそうもないときには、手伝いを頼む、相談
するスキルを使うと役に立つよ。そうすると他の人とも協力関係を作れるね」

 MEMO

【対処法案1】相手のいいところを見つけてみる

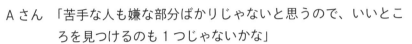

Aさん　「苦手な人も嫌な部分ばかりじゃないと思うので、いいところを見つけるのも1つじゃないかな」

Cさん　「そうだね。仕事ぶりとか性格とか、いいところ探しもしてみるといいかも」

【対処法案2】自分は笑顔で接してみる

Aさん　「とりあえず相手がどうあれ、自分は笑顔であいさつするようにしてみたらどうでしょう」

Cさん　「確かに、相手もこちらに良い印象をもってくれるかもしれないね」

【対処法案3】適度に優しく接してみる

Aさん　「相手にあえて優しく接するといい関係が作れるかもしれない」

Cさん　「ただしあまり下手（したて）に出すぎると、態度によってなめられるかも。せめて1日1回とか」

【対処法案4】仕事に必要なことだけを話してみる

Dさん　「当たらず障らずの距離感を保ち、仕事に必要なことだけ話すようにしたら楽じゃないかな」

Cさん　「そうだね。あいさつや報告・連絡・相談など、必要なことだけコミュニケーションすればOKだね」

MEMO

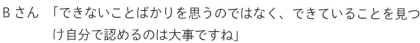

> 【Cさんからの質問です】
> 「仕事していると自分に不甲斐なさを感じるときがよくあるんだ。
> どうしたらいいかな?」

【対処法案1】できているところを自分で認める

Bさん 「できないことばかりを思うのではなく、できていることを見つけ自分で認めるのは大事ですね」

Aさん 「実際できていることもたくさんあると思います。悲観的になりすぎていませんか」

【対処法案2】思うようにならないのが当たり前と視点を変えて

Dさん 「思うようにならないのが当たり前、それが社会なんだ、と視点を変えてみるのも1つだよ」

Aさん 「時間薬のときもありますね。今はそんな気分だけど、仕事に慣れれば1年後には自信がついてるかも」

【対処法案3】できることや目標を紙に書き出すと前向きになれる

Dさん 「自分のできることで、仕事の目標を設定すると前向きになれるかもしれないよ」

Bさん 「仕事を紙に書き出して整理し、スキルアップや目指す目標を見つけてやってみるのもいいのでは」

Aさん 「私は業務の専門用語を覚えられるようノートに書き出して調べています。それも面白いです」

【対処法案4】そんなときはゆっくり休んでリフレッシュ

Bさん 「仕事はできているのに、もしかしたら考え方が悲観的になっているかもしれないので、自分はちょっと疲れているんだと自覚して、ゆっくり休むことも大切では」

Dさん 「確かにストレスがたまると、誰でも悲観的に考えちゃうね。リフレッシュ法を試してみよう」

Aさん 「その悩みや思いを誰かに話してみると心が軽くなることもあると思います」

第7章

上手な気分転換、仕事のストレス解消法

【D さんからの質問です】
「ときどき睡眠がうまく取れないときがあるんだ。どうしたらいい?」

【対処法案 1】相談、お風呂、音楽など、自分流の睡眠方法を

A さん　「分かってくれる友人や支援者に相談してみるといいです」

C さん　「まず主治医に相談してみたらどう?薬の種類も考えてくれるかも」

B さん　「お風呂で湯船にゆっくりつかり、リラックスしてから布団に入ると効きます」

A さん　「私はリラックスできる静かな音楽を小さい音で聞きながら布団に横になり、目をつむるといつの間にか寝ているときが多い」

C さん　「処方されている薬があれば、臨時に頓服薬を飲むことも大事」

B さん　「寝ようと力みすぎず、いつかは眠れるだろうと、無理して寝ずに過ごしてみるのも良いらしい。その日は寝不足でも次の日には眠れることも多いみたい」

A さん　「寝る前に、難しくてつまらない本を読むと効果絶大。でも面白い本を読んだらますます目がさえて眠れなくなるから注意してね」

【みんなからの質問です】
「会社での人間関係にストレスを感じたときどうする?」

　共通に抱えるこの問題は、皆で考えてみました。

　いろいろな意見やアイデアを出し（ブレーンストーミング）、そのメリット、デメリットの両面も考え、自分のライフスタイルに合った方法を選択していきます。複数で行うと、自分 1 人では考えつかなかった方法がたくさん出てきます。

　最後にどの方法ならできそうかを選んで日常の中で試してみることにしました。

　右にまとめましたので、いろいろな気分転換やストレス解消法を知り、自分に合った方法を取り入れてみてください。

　では皆さん、このテキストに沿って練習してみてくださいね。少しずつ働く自信がついてきますよ。

　私たちがそうであったように。

皆で上手な気分転換方法、ストレス解消法について考えてみました

ストレス解消法について問題解決技法を行い、参加者から意見を出してもらった1例です。あなた流の方法も考えてみてくださいね。

アイデア	長　所	短　所
深呼吸する	気分が落ち着く	効果が薄い
	どこでもできる	効かない気がする
詩集を読む	気分が晴れる　元気になる	疲れる
リラクゼーションの音楽を聴く	気分が落ち着く	効果が出すぎて涙がでる
温泉に行く	体が温まり気分が良くなる	お金がかかる
	疲れが取れる	近くに無い
お茶・コーヒーを飲む	気分が落ち着く	眠れなくなる
	目が覚める	利尿作用がある
散歩する	気分転換になる　健康的	雨の日はできない 日焼けする
神社・仏閣を見る	心身ともに清められる	近くに無い
バッティングセンター	気分がスカッとする	当たらないとストレス
帰り道を変えてみる	新たな発見がある	道に迷う
コンサートに行く	アーティストとの一体感	お金がかかる
ウインドウショッピングをする	気晴らしになる	欲しくなる
	好きな商品を見ると楽しい	浪費してしまう
カラオケ	大声で歌うとすっきりする	お金がかかる
ペットと遊ぶ	癒される　気が紛れる	声がうるさい ペットがいない
友達にグチる	すっきりする	後から後悔
	気持ちを共有してもらえる	何も解決しない
友達と飲みに行く	楽しい　おいしい	お金がかかる
寝る	気持ちの切り替えができる	変な時間に寝たら、夜が眠れなくなる
	すっきり　リラックス	
ドライブ	気分転換できる	渋滞　事故に注意

仕事をするときの心得 〜作業ミスをなくすために

☆作業に取りかかる前

手洗い、必要な準備（手袋、道具など）、担当作業の確認

☆作業の指示を正確に聞く

①指示は最後まで聞く

②分からなかったらすぐ質問し、すぐ確認する

③話し半分に聞いて分かったと思い込まない

④確認のため一度自分の作業工程を見てもらう

☆作業工程でミスが出たとき

①ミスをした理由を確認する

②ミスを繰り返さないための対処法を考える

③ミスを報告し、指示を仰ぐ

④作業手順を確認する

⑤他の人に作業工程を確認してもらう

⑥自分の作業方法を見直す

⑦注意力や集中力が散漫になっていないか

⑧体調が悪ければ申し出て休憩する

⑨苦手な作業であれば申し出て違う作業にしてもらう

☆できあがった作業の点検

①自分が作った製品にミスがないか確認する

②流れ作業のときにはまず点検してから次の工程へ

③仕上げの段階では、特に注意して点検する

☆けがをしたとき

①けがをしたことをすぐ報告し手当てする

②製品が血液などで汚れていないか、すぐ確認する

③製品に汚れが見つかったらすぐ報告し対処する

☆仕事に対する気持ち

①慣れは必要だが、気を抜かないように心掛ける

②我流になりすぎないように注意する

③簡単な作業でも雑にならないよう注意する

④緊張しすぎてうまくできないときには、他の人に相談してみる

⑤どうしたらきれいに、効率よくできるのか工夫する

☆誰でもミスをすることはあります。が…

それを3回も4回も繰り返さないための工夫を考えたり、

他の人に良い方法について教えてもらったりして、

対処できるようにしましょう。

☆仕事は皆で作り上げていくものです

ミスが出たらお互いに注意しあってカバーし、

お互いに協力して、良い仕事ができるようにしましょう。

就労移行支援事業　（創）シー・エー・シー作業心得より

ゆっくりと、少しずつ歩み出していきましょう

　私たちは、たいてい他者と言葉で意思疎通を行っています。

　1つ1つの言葉に込められた意味は、話す人によって微妙に違います。なぜなら、人は自分を取り巻く人たちとの関係から言語を学習し、蓄積してきたものが言葉だからです。

　生まれた後、他人から言葉を教えられ、自分が名前を与えられて呼ばれることで、私たちは他人から承認され自分を見つけます。そして、自分の気持ちや行動を表す言葉をみつけ、自分と世界とを把握していきます。

　私たちが使っている言葉は、家族や地域、時代や生まれ育った環境に影響されながら獲得した独自のものです。使う言葉から世代間のギャップや地域差を感じることはよくあります。たとえ同じ日本語を使っていても、コミュニケーションが難しいと感じるのは、それぞれの人が独自に意味付けされた言葉や世界観をもっているからです。

　精神医療や精神保健福祉の現場では、言葉の使い方、表現の仕方が一層重視されなくてはなりません。メンタルヘルス不調や発達障がいは目に見えないゆえに、本人も周囲の人もその状態を言葉で表現し「見える化」しなければ理解できません。

　身体疾患の場合は、例えば「お腹がちくちくする」「気持ちが悪い」と伝えただけでは正確な病名は分かりませんが、レントゲンや胃カメラなどの検査をして初めて正確な病状が診断されます。

　しかし精神疾患などは検査をしても精神的疲労感や幻聴などの症状は数値に現れません。見えない障がいのある方の苦労はそこにあります。支援者はそれを言葉やイラストやグラフ、記録などで見える化し、有効な対処法がとれるようにする必要があります。

　コミュニケーションも同じです。心の動きを言語で表現し意識するのはとても難しく、支援者でもうまく伝えられないことはよくあります。しかしそれを意識できないままでいると、言いたいことを伝えられない、伝え方が分からないということになります。理解してもらえないもどかしさから誤解が生じることもありますし、感情的な表現で周囲の人に訴えてまで自分の思いを通そうとしたり、理解してくれない人に対して秘密裏に事を通そうとする場合もあるでしょう。それが職場での人間関係や利用

者への対応に影響を及ぼし、仕事の質を落としてしまう残念な結果になることもあります。

　以前、精神障がいのある方が「みんなは普通に話している言葉以外に、テレパシーを使っているように感じる」と言ったことがあります。
　その的を射た言葉には感心しました。
　私たちは言葉の間にたくさんの意味を付与し、言葉で表現される以外のメッセージも伝えています。双方で理解されたように感じられても、互いに発話以前に他人とは違った意味付けをしていることもあるのです。

　例えば「きちんとあいさつしましょう」の「きちんと」は、何を指しているのでしょうか。相手の目を見て、はっきりした声で、会釈を付けて、などこれらの要素が「きちんと」の中に込められています。「きちんと掃除して」の「きちんと」は、ものを退けて掃除機をかける、棚を隅々まで拭くことを指し、あいさつとは違う意味が含まれます。
　ある研修で「きちんと仕事して」の「きちんと」は何を指していると思いますか？と、受講者に尋ねてみました。すると「時間を守ること」「効率よくすること」「敬語を話すこと」など、皆さん1人1人違う「きちんと」をイメージしていました。
　「テレパシーのような感じ」とは、単に症状や障がいの特性ではなく、日頃意識しないかもしれませんが誰もが経験していることなのです。
　「言わなくても分かってもらえるだろう」「私の行動を見て、察してくれるはず」というのはテレパシー幻想であり、自分の思いを具体的に言語化しなければ、相手に納得し理解してもらえません。
　油断すると「分かってくれているはず」と言葉を省略してしまうことがありますので、私自身の言語化の修業は今も続いています。皆さんもぜひ、言葉の意味の「見える化」「具体化」を意識してみてください。より周囲の人とのコミュニケーションが分かりやすくなりますし、利用者の皆さんにも言葉の意味を明確に伝えることができ、いいお手本になれることと思います。
　SSTは私自身のコミュニケーションスキルにとっても、大変役立ちました。ぜひSSTを使いながら一緒に学んでいきましょう。

おわりに

　皆さん、いかがでしたか。 声に出して、練習していただけましたでしょうか。 何度も何度も繰り返して練習していくうちに、「なんだ、こんなに簡単なことだったんだ」と思えるようになった人もいるのではないでしょうか。

　この本を書き終えるにあたり、もう 20 年以上も前のあるエピソードを紹介したいと思います。 精神障がいのある A さんのことです。50 代男性の A さん、20 代で病気を患い、何度も入退院を繰り返した後、一人暮らしを始めていました。穏やかな優しい人柄で、事業所に通っている他のメンバーからも慕われていた A さんでしたが、常に汗と脂の匂いがして、夏などはいっそう強く感じられていました。 私たちスタッフは「お風呂に入っていますか」と尋ねると、 A さんは決まって「入っているよ」と答えるだけでした。「お風呂嫌いなんだろう」私たちスタッフは単にそう思っていました。

　しかし、ある日、SST でコミュニケーションの練習をしていたときのこと、A さんが「銭湯の 番台の人にあいさつの後、ひと言を言えるようになりたい」と言ったのです。 よく聞くと、近所の銭湯に行くと番台の人から「今日は暑いね」とか「風邪ひかないようにね」と声を掛けてもらえて、そのことがすごく嬉しくて何とかその気持ちに応えたいと思っていると言うのです。 しかし、緊張してどう返事をしていいか分からないまま黙ってお金を渡してしまうことが心苦しく、そのことが原因で銭湯に行きにくくなっていたと。
　その話を聞き、私は自分自身の思い込みに対する恥ずかしさと、A さんの本当の気持ち、そして私がなすべき支援とは何かを突き付けられ、衝撃で心が震えたのを思い出します。

　私は早速、覚えたばかりの SST で「番台の人へのあいさつ + ひと言添える方法」を皆で考え、A さんは熱心に練習しました。皆も協力し、番台の人の役になったり、A さんの良かったところをほめました。A さんはとてもうれしそうでした。
　そして翌日。事業所にはさっぱりとした A さんが登場したのです。そんな A さんを見て他のメンバーもスタッフも大喜びしたことを思い出します。

思いを言葉で伝えるということは、実は簡単なことではありません。皆がすぐできたらSSTはいらないでしょう。しかし何らかの生きづらさや、他人には言いたくない事情を抱えている人たちには、生活する上で多様な課題が次々と出てきます。

　例えば「電車でばったり同級生に会い、仕事していないことをさとられたくないときはどう会話したらいいか」「髪をカットしたいが美容室で自分のことを聞かれると思うと行きたいのに行けない」など、他の人ならあまり考えないかもしれない難しい対処法を迫られることになるのです。電車に乗ったり、美容室に行ったりするスキルは十分あるのですが、コミュニケーションに関して深刻な悩みが生じ、行けなくなってしまうのです。それぞれの事情を伝え、相手がすぐ理解し受け入れてくれたら、悩みは生じないかもしれません。しかし相手の反応によって傷つき苦しむ思いをこれまで嫌というほど経験しているため、コミュニケーションに躊躇してしまうのです。

　それは仕事も同じです。私が今まで支援した皆さんは、仕事の内容を理解し、練習してできるようになる場合がほとんどです。しかしコミュニケーションで悩み苦労し、働くことにハードルを感じています。

　就労支援に携わって30年。私は、多くのことをメンバーの皆さんから教えてもらい、専門家として育ててもらいました。この本で紹介している場面の例や対処法は、全て、実際にSSTプログラムに参加したメンバーからの質問と練習内容、そのときに提案されたたくさんのアイデアに基づいています。それまでどのように対処すればいいのか分からなかった課題を出してもらい、皆で一緒に考え熱心に練習した内容です。生きづらさを抱え困難な状況に直面しながらも明日への道を切り拓こうと、挑戦を続けた人たちからのメッセージが詰まった本です。

　学校を卒業し新社会人として歩み始めた人や、働きたいがコミュニケーションに自信がないと感じている人、休職中で復職を目指している人（リワーク）、また今働いているけれども職場の人間関係に悩んでいる人、後輩や部下にどう指導していいか分からない人、そして就労を支援する立場の人にも、ぜひ、お読みいただければと思います。

　本書をあらゆるところで、それこそボロボロになるまで活用いただけましたら、これ以上の喜びはありません。皆様のお役に立てることを心から願っております。

謝辞

　SST（Social Skills Training：社会生活スキルトレーニング）が日本の精神医療や福祉現場に導入されたのは、1988 年に UCLA 医学部精神科のリバーマン（R.P.Liberman）教授が来日し、東京大学医学部附属病院精神神経科デイホスピタルで、利用者を対象に SST のデモンストレーションを行ったのが始まりです。

　そのときのようすについて、同大病院精神科医（当時）の安西信雄先生は以下のように記しています。"DH（デイホスピタル）ではメンバーを相手に Liberman による SST が通訳入りで実施され、その結果メンバーから「ぜひこのプログラムを DH に取り入れてほしい」と要請された。"（『SST の技法と理論』「第 3 章」より）

　その後、東大病院の精神科医の先生方や前田ケイ先生（ルーテル学院大学教授・当時）が日本国内における SST の普及に尽力され、現在は医療、福祉、労働、教育、司法分野などで幅広く活用されています。

　私自身が SST と出会ったきっかけは、JHC 板橋（現在の社会福祉法人 JHC 板橋）という民間精神保健福祉団体（当時）に勤めていたとき、代表でありソーシャルワーカーの草分け的存在だった寺谷隆子さんから声を掛けていただき、1990 年に米カリフォルニア州での地域精神保健福祉の研修に参加したことがきっかけです。

　訪れたサクラメント精神保健協会や共同住居、コンシューマー・セルフヘルプセンターでの当事者活動、援助付き雇用を学び、ブレンウッド退役軍人病院にて SST のセッションを体験しました。リーダーの方が素晴らしく、SST はとても楽しく学べる方法であるという印象を受けました。そして日本で始まったばかりの東大病院 DH で実施された SST 初級研修に参加し、東大病院精神神経科の先生方や、前田ケイ先生の講義を受けることができました。この先生方の研修にその後も参加し学びを深めることができました。

　また、就労支援関連では、八木原律子先生（明治学院大学教授・当時）にご指導いただきながら、障害者福祉サービス事業所、障害者職業センターやハローワークのジョブガイダンス事業、就労移行支援事業所など就労支援関係を中心に SST を実施してきました。自主的に学ぶ勉強会（兵庫・大阪 SST 研究会）においても多くの仲間と共に研鑽を重ねていきました。

2013 年からは更生保護協会が実施する保護司の SST 研修について、瀧本優子先生（梅花女子大学教授）を中心とした関西地域を他の先生方と共に担当しています。保護司の皆さんを通じて、保護観察中の対象者の皆さんの就労・生活支援に役立てていただいています。

　SST は学びを実際の生活や職場で活かすことができないと意味がありません。
　シー・エー・シーで SST に参加して再就職した人が、こんなことを話してくれました。
　「職場でどう話したらいいのか困ったとき、SST だったらどんなふうにやればいいのだろう。みんなはどんな助言をしてくれるんだろうと考えながらその場に対応しています」と。
　今日に至るまで、SST を行うなかで、参加した皆さんから提示される練習テーマや、困ったときの体験を教えていただくことで、どのような練習が必要とされているのかを学び、活かすことができました。皆さんが熱心に参加され、「やってよかった」「方法が分かってよかった」「もっと続きを練習したい」という感想をおっしゃってくださいました。その言葉に励まされ、今日まで続けることができました。

　精神保健福祉士の大先輩である青木聖久先生（日本福祉大学教授）の出版トークショーで出会った出版社ペンコムの増田幸美社長、やさしく温かみのある表紙イラストを書いてくださった『ツレがうつになりまして。』など数々のベストセラーを生み出している漫画家の細川貂々さんが、これまで支援者向けが中心だった SST のテキストを一般の人向けに手に取りやすく分かりやすい本として世に送り出してくださいました。
　そして何より、長年にわたり SST のご指導をいただき、現在も現役でご活躍されている前田ケイ先生から、心のこもった推薦文を頂戴し大感激しております。
　皆さまに心より感謝申し上げます。
　最後に、学び続けることの大切さを教えてくれた亡き父に、この本を捧げたいと思います。

２０２１年３月　北岡　祐子

SST 関連参考図書

・前田ケイ（2021）『新訂増補版 SST ウォーミングアップ活動集—社会的スキル学習を進めるために』金剛出版

・前田ケイ（2013）『基本から学ぶ SST −精神の病からの回復を支援する』 星和書店

・前田ケイ（2011）『生きる力をつける支援のために 保護司面接のための SST マニュアル＜ DVD 付き＞』更生保護法人 日本更生保護協会

・こんなときにはどうするの？制作委員会編　前田ケイ監修（2017）『こんなときにはどうするの？改訂版：心の病となかよく暮らす SST 実践ノート』 東京都精神障害者家族会連合会

・前田ケイ（1999）『SST ウォーミングアップ活動集—精神障害者のリハビリテーションのために』金剛出版

・八木原律子（1997）『地域生活支援のＳＳＴ』 医学書院

・前田ケイ・安西信雄編（2008）『本人・家族のための SST 実践ガイド（こころの科学）』日本評論社

・瀧本優子・吉田悦規編（2011）『わかりやすい発達障がい・知的障がいの SST 実践マニュアル』中央法規出版

・東大生活技能訓練研究会（1995）『わかりやすい生活技能訓練』 金剛出版

・アラン・Ｓ・ベラック他、熊谷直樹・岩田和彦・天笠 崇訳（2005）『改訂新版 わかりやすい SST ステップガイド—統合失調症をもつ人の援助に生かす（上巻・下巻)』 星和書店

・ロバート・ポール・リバーマン、西園昌久監、池淵恵美・SST 普及協会訳（2011）『精神障害と回復：リバーマンのリハビリテーション・マニュアル』星和書店

・西園昌久（2009）『SST の技法と理論—さらなる展開を求めて』 金剛出版

・マーク・レーガン、前田ケイ訳（2005）『ビレッジから学ぶリカバリーへの道—精神の病から立ち直ることを支援する』金剛出版

・エリック・グランホルム、ジョン・マッケイド他、熊谷直樹・天笠 崇・瀧本優子訳（2019）『認知行動 SST 上巻：基礎・実践ガイド編 - 統合失調症者支援のための臨床実践ガイド -』、『認知行動 SST 下巻：ワークブック・付録編 - 統合失調症者支援のための臨床実践ガイド -』星和書店

・『実践・ワークショップから学ぶ SST　第 10 巻　前田ケイ・基礎訓練モデル』「シリーズ DVD で学ぶ新しい SST」星屑倶楽部｜中島映像教材出版

SST 参考ウェブページ

・一般社団法人 SST 普及協会
　　http://www.jasst.net/
・厚生労働省「知ることからはじめよう　みんなのメンタルヘルス　総合サイト」
　　https://www.mhlw.go.jp/kokoro/index.html

著者執筆履歴

・「暮らす・働く・日々が SST」(2008)『本人・家族のための SST 実践ガイド（こころ
　　の科学)』　日本評論社　88-94
・「職場開拓と職場定着支援 – 精神障害をもつ方の一般就労を実現するために – 」
　　(2009)『精神科臨床サービス第 9 巻 2 号』星和書店　222-225
・「就労移行支援事業所における支援の実際」(2011-2021)『新版就業支援ハンドブック』
　　独立行政法人高齢・障害・求職者雇用支援機構
・「働く力を引き出すために」(2020)『心の健康 第 64 号』兵庫県精神保健福祉協会 45
・「就労支援現場での精神保健福祉実践」(2020)『現代版 社会人のための精神保健福
　　祉士』学文社 95
・「精神障害のある方の働く力を活かすために～就労移行支援事業から就労定着支援事
　　業の実際～」(2020)『日本精神科病院協会雑誌　Vol.39 No.9』日本精神科病院協
　　会　61-66
・「実践：ワークショップから学ぶ SST　第 5 巻 就労支援と SST」(2010.8 収録)『シリー
　　ズ DVD で学ぶ新しい SST』星屑倶楽部｜中島映像教材出版

就労移行支援事業 （創）シー・エー・シー所長
精神保健福祉士
北岡祐子

精神保健福祉の仕事に携わって約30年。主に精神障がいや発達障がいのある方々の就労及び生活支援に携わってきた。1990年米カリフォルニア州の地域精神保健福祉研修（地域生活・就労支援、ケースマネジメント、州立病院にてSST、コンシューマー・セルフヘルプセンター、ピアカウンセラー養成研修等）での経験が仕事の大きな礎となった。特に、SSTの学びは働く力をつけるための有効なツールであることを実感。現在は就労移行支援事業（創）シー・エー・シー所長。精神保健福祉士。社会活動として日本更生保護協会の保護司SST研修を担当するなど全国で講演活動も多い。1968年東京生まれ、島根大学教育学部卒、現在神戸市在住。
『本人・家族のためのSST実践ガイド』『現代版 社会人のための精神保健福祉士』などへの執筆がある。

本書、及び著者へのお問い合わせは、ペンコムまで　office@pencom.co.jp

仕事だいじょうぶの本
職場の人と安心してコミュニケーションできる SST レッスン BOOK

2021 年 5 月 10 日　第 1 刷発行

著　者　北岡 祐子
発行者　増田 幸美
発　行　株式会社ペンコム
　　　　〒673-0877 兵庫県明石市人丸町 2-20　https://pencom.co.jp/
発　売　株式会社インプレス
　　　　〒101-0051 東京都千代田区神田神保町一丁目 105 番地

●本の内容に関するお問い合わせ先
　　　　株式会社ペンコム　TEL078-914-0391　FAX078-959-8033
●乱丁本・落丁本などのお問い合わせ先
　　　　TEL03-6837-5016　FAX03-6837-5023　service@impress.co.jp
　　　　（受付時間／10:00-12:00、13:00-17:30 土日、祝日を除く）
　　　　※古書店で購入されたものについてはお取り替えできません。
●書店／販売店のご注文窓口
　　　　株式会社インプレス受注センター　TEL048-449-8040　FAX048-449-8041
　　　　株式会社インプレス出版営業部　TEL03-6837-4635

カバーイラスト　細川 貂々
カバーデザイン・装丁　矢萩 多聞

印刷・製本　株式会社シナノパブリッシングプレス
© 2021 Yuko Kitaoka Printed in Japan.　ISBN 978-4-295-40545-0　C2036